홍콩, 장국영을 그리는 창

장국영을 찾아 떠난 네 번의 홍콩 여행기

홍콩, 장국영을 그리는 창

초판 1쇄 발행 2018년 4월 1일

지은이 　 유 진
발행인 　 안유석
편집장 　 이상모
편 집 　 전유진
표지디자인 　 박무선
펴낸곳 　 처음북스, 처음북스는 (주)처음네트웍스의 임프린트입니다.

출판등록 2011년 1월 12일 제 2011-000009호
전화 070-7018-8812 팩스 02-6280-3032
이메일 cheombooks@cheom.net

홈페이지 cheombooks.net 페이스북 /cheombooks
트위터 @cheombooks
ISBN 979-11-7022-148-7 03910

홍콩, 장국영을 그리는 창

장국영을 찾아 떠난 네 번의 홍콩 여행기

유 진 지음

처음북스

3장
1960년 4월 16일 수리진의 1분으로, 2016년 8월

4장
영원미려 장국영, 너는 나의 봄, 2017년 4월

프롤로그

내가 이 글을 쓴 이유는 장국영을 기억하려는 노력을 멈추지 않고 싶어서다. 그를 기억하는 한 우리는 이별한 것이 아니다.

장국영이라는 배우를 처음 알게 된 것은 그가 80년대 후반 초콜릿 광고에 나왔을 때다. 당시 고작 아홉 살이었던 나는 그 광고를 보면서 '참 잘생겼다'고 생각했다. 본격적으로 장국영의 팬이 된 것은 영화 <금지옥엽>을 본 뒤다. <금지옥엽>에서 그는 유명 작곡가로 나오는데, 그랜드 피아노를 치며 바로 곡을 만들어 부르는 모습에 완전히 반했다. 홍콩 영화가 한국에서 전성기를 누리던 80년대 말 <영웅본색>과 <천녀유혼>이 한국에 개봉한 후 장국영 팬이 많아졌으니, 다소 늦게 장국영에 입문한 셈이다. 어린 시절 나는 기자가 된다면 언젠가 그를 직접 만나 인터뷰를 할 수 있을 것이라는 막연한 기대를 하며 자랐다.

몇 년 후 언니가 중국으로 연수를 갔고, 중학생이던 나는 언니에게 놀러 가는 김에 때가 맞으면 장국영 콘서트를 보러 가야겠다고 생각했다. 그런데 때마침 북한에서 황장엽이 망명했고, 갑자기 중국이 여행 자제 지역이 되었다. 이 때문에 중국으로 떠나지 못했다. 결국 그를 직접 만나 인터뷰는 고사하고 콘서트도 한 번 못 가본 채, 나는 2003년에 그의 사망 소식을 뉴스에서 들었다. 2003년 4월 1일, 자취방으로 돌아와 저녁밥을 먹기 시작했을 때였다. 보고 있던 TV 뉴스에서 앵커가 "홍콩의 유명한 영화배우"라는 말을 하자 나는 '어! 장국영인가? 근데 왜 연예뉴스가 아니라 저녁 뉴스에 나오지? 안 좋은 일에 연루됐나?'라고 생각했다. 그 생각이 끝나기도 전에 "장국영 씨가 호텔에서 떨어져 숨졌습니다"라는 말이 이어졌다. 나는 망치로 얻어맞은 듯이 머리가 멍해졌고, 동시에 머릿속에 드는 생각은 '만우절이라 뉴스에서도 거짓말을 하는 거야?'였다.

집에서 인터넷을 사용할 수 없었던 나는 다음 날 아침에야 학교 도서관에서 인터넷에 올라온 수많은 기사를 확인할 수 있었다. 사스 공포에도 장례식장 앞에 모인 홍콩 시민들의 모습을 전하는 기사를 보면서 그의 죽음을 인정해야만 했다. 걷잡을 수 없는 후회가 나를 덮쳤다. 장국영이 한국을 방문했을 때 그를 볼 기회를 만들지 않은 것에 대한 죄스러움에서 헤어 나올 길이 없었다. 최근 방영한 <또 오해영>이라는 TV 드라마에서 주인공 오해영이 고등학생 시절 장국영의 사망 소식을 듣고 집으로 가는 길에 펑펑 우는 장면을 보면서 이 날의 기억이 다시 선명히 되살아난 적이 있다.

그 해 4월은 유난히 봄비가 많이 내렸고, 나는 세 달 정도 심한 우울감에 시달렸다. 밥을 먹다가 까닭 없이 눈물이 흘렀고, 한밤중에 깨어 한참을 울었다. 장국영 앨범을 사들이기 시작했고, 폐업 정리 비디오테이프 더미 속에서 장국영이 나온 영화를 미친 듯이 찾아냈다. 북경어로 인터뷰한 몇몇 자료를 발견하고 중국어도 6개월 동안 참 열심히 공부했다. <총애> 앨범이 발매되었을 때부터 계속 카세트테이프가 늘어지도록 듣기는 했지만 다른 앨범에 실린 노래를 듣기 시작한 것은 이때부터였다. 예상할 수 없었던, 혹은 예상보다 너무 이른 그의 죽음은 내 스물세 살을 그렇게 집어삼켰다.

늦었지만 더는 미룰 수 없었던 홍콩 여행을 처음 떠난 것도 그 해 여름이다. 다가올 시간이 그의 흔적을 모두 밀어내 버리기 전에 그와의 추억을 만들고 싶었다. 비록 같은 시간은 아니지만 같은 공간에 있었다는 추억을 나누는 일. 이것이 내가 그를 기억할 수 있는 유일한 방법이었다.

몽콕 빌라, 그의 마지막 식사 장소인 퓨전, 그가 세상을 등진 만다린 오리엔탈 헬스장. 모든 것이 그대로였다. 그가 없다는 사실만이 4월 1일의 홍콩과 8월 29일의 홍콩을 전혀 다른 곳으로 만들 뿐이었다. 첫 홍콩 여행 이후 길게 휴가를 낼 수 없는 여건에서 내 여행지 1순위는 언제나 홍콩이다. 그렇게 나는 장국영과 같은 공간을 다른 시간에 걷고 있는 중이다. 왕가위 감독 영화를 좋아하지 않는다고 생각했는데 어쩌면 내 무의식은 왕가위 영화에 많은 영향을 받은 것일지도 모르겠다. 나는 영화 속 주인공들처럼 엇갈린 시공간을 쫓아서라도 아름다운 사람, 내 우상 장국영을 끊임없이 소환하고 싶다.

하나 둘 사라져가는 그의 공간을 차곡차곡 담아내는 일이 그에게, 그를 기억하고 싶은 사람에게, 그리고 나 자신에게 작은 위로가 되기를 바란다. 너무 빨리, 그리고 많이 변해가는 홍콩을 볼 때마다 그의 기억 속 2003년 홍콩을 좀 더 많이 사진으로 남겨 두지 못해 미안하고 또 미안하다.

잊힌다는 것은 죽음과 다를 바 없다.
그냥 그런 생각이 든다.
기억 속에서 잊힌 사람은 물리적으로 죽은 사람과 다르지 않다.
내가 만난 혹은 스쳐 지나간 수많은 사람들은
나와 동시대를 치열하게 살아가고 있을 것이다.
하지만 내 기억 속에서 잊힌 그들은 내게 있어 죽은 사람과 다를 바 없다.
죽을 만큼 사랑했던 누군가라도
내가 더 이상 그를 기억하려 하지 않는다면
적어도 그는 내게 죽은 사람인 것이다.

2003년 3월 9일, 일기에서

1장
마지막이라는 것,
2003년 8월

그의 마지막 영화, <이도공간>

그의 부재에도 시간은 무심히 흘렀다. 내 일상도 덧없이 지나갔다. 때가 되면 밥을 먹었고, 학교에 갔다. 친구를 만나 수다를 떨었다. 달라진 점이라면 나도 모르게 울음이 터져 나오는 일이 잦아졌다는 것과 명동 중국 대사관 앞 상점에 들러 장국영 음반이나 책이 있는지 확인하는 습관이 생겼다는 것 정도다. 그리고 나는 장사치라는 말이 왜 나왔는지 깨달았다. 장국영 자료를 구하러 가면 VCD를 35,000원이나 달란다. 가게 주인 말은 더 기가 막히다.

"원래 이렇게 비싸지 않는데 장국영이 죽어서 그렇지."

물론 경제 시간에 배운 수요·공급 곡선 그래프와 가격형성점은 너무나도 잘 알고 있다. 그렇지만 이건 너무하다. 그의 죽음을 슬퍼하는, 그래서 어떻게든 기억을 남겨보려는 팬을 상대로 한몫 잡겠다는 장사꾼이라니. 그의 죽음조차 상업적으로 이용하고 있는 사람들이 너무 미웠다. 언론의 횡포에 쓴 소리를 거침없이 내뱉던 그인데, 죽음마저 가십으로 다뤄지고 있다. 장국영이 동성애자든 양성애자든 그것이 무슨 상관인가? 그의 죽음을 가벼운 흥밋거리로 다루다니, 그에게 어떤 애정도 없던 사람들이 지나가는 가십으로 그의 죽음을 이야기 하는 것이 싫다. 4월인데도 장마철처럼 비가 쏟아지고 있는 것은 이런 모습을 지켜보면서 그가 흘리는 눈물 때문인지도 모르겠다.

지난했던 2003년 봄이 가고, 어느덧 그의 천도재가 돌아왔다. 6월 2일, 나는 대리출석을 부탁하고 한국 팬들이 마련한 봉은사 천도재 행사에 갔다. 그 날 이후 두 달이 흘렀지만 막상 그의 영혼까지 완전히 떠나보내는 의식에 참석하니 다시 이 모든 일이 꿈

처럼 느껴졌다. 눈앞에서 그를 보내는 데도 나는 여전히 그를 내 마음속에 붙잡고 있었다.

3일 뒤, <이도공간>이 개봉했다. 그의 마지막 작품이 되어 버린 영화. 나는 이 영화가 내릴 때까지 최대한 많이 보기로 했다. 혼자서 보고, 친구와 가고, 팬카페 회원들과 단체 관람을 하기도 했다. 똑같은 영화표가 하나 둘 쌓여갔다. 그의 새로운 영화가 다시는 극장에 걸리지 않을 테니 계속 극장을 찾았지만, 내게 여러 번 이 영화를 보는 일은 힘들었다. <이도공간>이라는 영화 자체가 전반적으로 어둡고 무거운 분위기의 영화였기 때문이다(그래도 정신과 의사인 짐[장국영]이 얀[임가흔]에게 페코짱 밀키를 부작용 주의라는 메모와 함께 처방한 장면에서만은 웃을 수 있었다).

불면증과 환영에 시달리는 얀은 지인의 권유로 정신과 의사 짐을 만나 상담 치료를 시작한다. 짐의 도움으로 얀은 안정을 찾고, 두 사람은 연인 사이로 발전한다. 얀이 짐의 집에서 밤을 보내던 날, 얀은 이상한 모습을 본다. 자다 깨 집안 구석구석을 뒤지고 무엇인가를 계속 찾는 짐의 눈에 초점이 없었다. 그의 행동은 마치 몽유병처럼 보였다. 얀은 짐을 소개해준 지인에게 그가 이상하다고 말하고, 결국 짐도 자신의 이상 증세를 자각한다. 얀은 짐을 도우려 하지만, 짐은 원혼을 보면서 점점 공포 속에 갇힌다.

영화는 짐이 얀과 상담하는 장면 사이사이에 교복을 입은 소년과 소녀의 이야기를 보여주는데, 사실 이 장면들은 얀이 아닌 짐의 기억이었다. 짐은 첫사랑이 자기 때문에 자살한 기억을 망각의 상

자 속에 넣고 꺼내 보
지 않았는데, 무의식
속에 갇혀 버린 고통
과 상처가 밤마다 나
를 좀 봐달라고 짐에
게 아우성 친 것이었
다. 짐이 이 고통과
상처를 다시 의식의
영역으로 끄집어내
용서와 안녕을 구하
면서 영화는 막을 내
린다(어디까지나 내가

영화를 보고 느낀 감상일 뿐 감독의 의도와 다른 해석일 수 있다).

　인간의 뇌는 놀랍도록 자기 방어적이다. 고통스러운 기억을 의
식 저 아래 낭떠러지로 던져 버리기도 하고, 세월이 지나면 나쁜 기
억을 지워버리고 좋은 기억만 남겨두기도 한다. 내게도 언젠가는
2003년의 하루하루를 그저 웃으며 떠 올릴 수 있는 날이 올 것이다.

　영화에서 그가 처음 등장했을 때 나는 손을 뻗어 그의 얼굴을 만
지고 싶다는 생각을 했다. 스크린 속 그를 이제 다시 볼 수 없다는
사실에 마음이 아팠다. 짐과 얀이 아이스크림을 먹으며 데이트하
는 장면에서는 그의 웃음이 너무 그리웠고, 짐이 건물 옥상에 서서
첫사랑 원혼에게 '지금까지 결코 행복한 적이 없었다'고 말하는 마

지막 장면에서는 그만 눈물이 나왔다. 스크린 밖 나에게, 그를 잊고 살아가고 있던 팬에게 그가 남긴 마지막 한 마디인 듯했다. 얀이 난간에 선 짐에게 손을 뻗어 그의 팔을 붙잡고 품으로 잡아당기는 순간…… 얀이 한없이 부러웠다. 4월 1일에 영화 속 얀처럼 그를 잡아줄 누군가가 있었다면 하는 간절한, 아니 부질없는 바람을 해봤다. 그랬다면 이 슬픈 사랑의 공포를 이야기하는 <이도공간>이라는 영화가 그의 마지막 영화는 아니지 않았을까?

내게는 더없이 잔인한 순간이 되겠지만, 홍콩에서 그의 마지막 자취를 쫓을 용기를 내보자. <성월동화> 속 히토미처럼…….

내 생애 첫 홍콩 여행, 몽콕 카두리 애비뉴 32A

대학교 들어와서 모은 용돈을 전부 털어 언니와 내 여행 경비를 마련했다. 이번 홍콩 여행은 엄마에게 비밀이다. 한밤중에 깨서 울기를 반복하던 나를 보며 엄마는 "네 어미가 죽어도 이렇게는 안 하겠다"라고 말씀하셨다. 생면부지 외국 배우를 좋아하는 것 자체를 이해할 수 없다는 엄마에게는 그런 딸의 모습이 생경하고 섭섭하셨겠지 싶다.

2003년 8월 29일 여섯 시 50분. 일곱 시로 맞춰 놓은 알람이 울리기 전 잠에서 깼다. 홍콩에 간다는 생각에 잠을 설쳐 출발하기도 전에 피곤이 밀려온다. 설렘이라는 단어만으로는 표현할 수 없는 복잡미묘한 마음으로 공항버스를 타고 인천국제공항으로 출발했다. 막상 출발일 아침이 되자 조금은 긴장이 되고 알 수 없는 불안감마저 엄습해온다. 열 시 30분에 출발하는 캐세이 퍼시픽 비행기를 타고 나는 장국영의 나라 홍콩으로 간다.

기내에서 장국영 영화 <금지옥엽 2>가 나온다. 오늘은 이렇게 그를 보는구나. 승무원에게 맛집 추천을 부탁하고 메모했다. 예정된 성지 순례 일정이 빡빡해 승무원 추천 맛집에 갈 시간이 있을지 모르겠지만 말이다. 영화가 끝나고, 창밖으로 홍콩 섬이 보이기 시작한다. 하늘이 맑다. 에메랄드그린 빛 바다도 눈 아래 펼쳐진다. 홍콩 국제공항에 도착했다는 기장의 안내방송만으로도 왜 내 눈에 눈물

비행기에서 본 홍콩

이 고이는 걸까?

공항을 빠져 나와 숙소인 인터콘티넨탈 홍콩Intercontinental Hong Kong에 도착하니 오후 두 시가 훌쩍 지나 있다. 셔틀 버스에서 여행 가방을 꺼내 주는 호텔 직원의 환한 웃음이 이 호텔의 첫인상이다. 체크인을 하고 방에 들어선 순간 나도 모르게 탄성이 나왔다. 홍콩 섬과 빅토리아 항구가 내다보이는 창, <이도공간>에서 보여준 바로 그 광경이 내 눈앞에 펼쳐졌다.

'그래, 내가 홍콩에 오긴 왔구나.'

거대한 필립스 옥외 광고판을 보니 영화 속 홍콩이 틀림없다.

짐을 풀어 놓을 새도 없이 언니를 재촉한다. 단 일 초라도 헛되이 보내고 싶지 않은 마음이다. 로비 라운지 애프터눈 티를 공짜로 제공하는 여행 상품이지만 오늘은 우선 나가보자(결국 10년이 지난 2013년의 네 번째 여행에서야 로비 라운지 티를 맛보는 여유를 즐겼다).

인터콘티넨탈 홍콩 맞은편에는 홍콩의 랜드마크 중 하나인 '더 페닌슐라 홍콩The Peninsula Hong Kong'이 있다. 만다린 오리엔탈 홍콩 Mandarin Oriental Hong Kong과 함께 홍콩을 대표하는 최고급 호텔로 세계 유명 인사들이 많이 묵는 곳이다. 장국영은 페닌슐라의 더 로비The Lobby에서 차 마시기를 즐겼다고 한다. 잠시 어떤 곳인지 둘러본다. 애프터눈 티를 마시려고 사람들이 길게 줄 서있다. 예약하지 않으면 하염없이 기다려야만 한다. 인테리어에 관심이 많던 장국영은 이곳의 금빛 천장을 홍콩의 자랑이라고 말했다고 한다.

호텔 방에서 본 **홍콩 컨벤션 센터**

고개를 들어 천장을 올려다본다.

'이것이 그가 자랑스럽게 생각했던 페닌슐라 천장이구나.'

저마다 취향이 다르다 해도 높은 천장과 황금빛 테두리 장식은 분위기를 압도하기에 충분하다. 더 로비에서 여유롭게 애프터눈 티를 즐길 날을 기약하며 MTR을 타고 몽콕으로 간다.

홍콩에서의 첫날, 첫 번째 목적지는 장국영이 마지막으로 살았던 몽콕에 있는 집이다. 4월 1일 이후 장국영을 추모하는 많은 팬이 꽃다발과 편지를 전하려고 몽콕 집에 찾아갔을 것이다. 인터넷 게시판에서 본 한문 주소와 가는 길에 있는 건물 이름을 적은 메모를 하나 들고 집을 찾기 시작했다. 분명히 태자太子역에서 걸어서 갈 수 있다고 했는데 가는 길을 찾기가 쉽지 않다. 카두리 애비뉴^{Kadoorie} ^{Avenue}를 아는 사람이 없다. '카두리 애비뉴'라는 정보만 주고 그 곳으로 가는 길을 안내 받을 수 있을 거라고 생각한 내가 한심하긴 하다. 다시 한 번 지나가는 사람을 붙잡아 세웠다. 집 근처에 있다는 몽콕 경찰청도 로열 호텔도 모른단다. 나는 조심스레 '레슬리'네 집으로 가는 길이라고 말했다. 그랬더니 행인은 어딘가에 전화를 하기도 하고, 또 다른 행인에게 물어보기 시작했다. 한참 이야기를 하더니 내게 돌아와 걸어가기에는 조금 먼 거리고, 설명하기도 어려우니 택시를 타는 것이 좋겠다고 한다. 그리고 나서 손수 택시를 잡아 운전사에게 돌아가지 말고 목적지에 잘 내려달라는 부탁까지 해줬다. 서울에서 김서방을 찾는 사람에게 이렇게 친절할 수 있을까 싶다. 말 그대로 감동이다. 찌는 듯한 더위에 지칠 대로 지친 나는 걸

장국영 집으로 가는 길

기를 포기하고 택시를 탔고, 택시 기사는 나를 카두리 애비뉴 어귀에 내려준다. 다시 걷기 시작이다. 오르막길의 조용한 주택가를 지나자 드디어 집이 보인다.

사진 속 그 집이다. 대스타가 살던 집이라고 하기엔 소박한 외관이다. 2층 창문이 조금 열려 있다. 벨을 누르면 누군가 나올까? 그 누군가가 장국영일리는 없겠지만 말이다. 언젠가 보았던 집 앞에서 찍은 사진 속 장국영처럼 손을 들어 포즈를 취해 본다. 그리고 철문 너머로 현관 손잡이를 한 번 잡아본다. '그래, 이 손잡이를 그는 수십 번, 수백 번 잡았겠지.' 벨을 눌러 누구라도 나온다면 그에 대해 이것저것 물어 보고 싶지만 용기를 내지 못하고 소심하게 문고리만 만지작거렸다. 쉽게 발길을 돌릴 수가 없다. 그렇게 나는 이 집 앞을 서성였다. 하지만 마냥 이곳에 서있을 수만은 없다. 아쉬운 마음에 메모지와 펜을 꺼내 주섬주섬 몇 자 적어 문틈 사이에 끼워 넣고 여행 마지막 날 다시 올 것을 기약하며 이곳을 떠났다.

문틈 사이로 밀어 넣은 손편지

More About!
몽콕, 장국영의 집

장국영은 1989년 ATV 토크쇼에 출연해 데뷔 시절 이야기를 한 적이 있는데, 집에 대한 일화도 있다. 친구 따라 가창대회에 참가해 2위에 오르면서 방송국과 계약을 하고 매월 월급으로 1,000 달러를 받게 되었는데, 500달러짜리 월세 집을 구했다는 것이다. 그리고 6개월 분 월급을 가불해서 방을 꾸몄다고 한다. 그런데 여기저기서 스카우트 제의가 들어와 방송국에서 월급을 2,950 달러로 인상해 주었고 바로 1,000 달러짜리 월세 집으로 이사를 갔다고 한다. 그는 자신이 생각하는 집의 의미를 이렇게 말한다.

"내 친구들 대부분은 집은 그냥 잠만 자는 곳이고 침대만 하나 있으면 된다고 하는데, 나는 의식주를 중요하게 생각하기 때문에 집이 최우선이다", "주로 집에 있다. 집이 정말 좋다."

장국영은 자주 이사를 다녔기 때문에 사실 장국영이 산 집이 카두리 애비뉴에만 있는 것은 아니다. 주윤발이 권유해 카두리 애비뉴로 이사했는데, 결국 이 곳이 그의 마지막 집이 되었다. 카두리 애비뉴에 있는 이 집에 집착을 하는 이유는 그냥 이곳이 그의 '마지막' 거주지이기 때문이다.

홍콩의 인구밀도와 주거 환경에 무지했던 2003년 여름, 나에게 카두리 애비뉴에서 본 그의 마지막 집은 소박해보였고, 갈색 지붕과 문, 그리고 흰색 벽은 단조롭기까지 했다.

이 동네가 상당한 부촌임은 한참 뒤에 알았다. 2010년 전후쯤 이 집이 인터넷에 임대물로 올라와서 자세히 본 적이 있다. 한 달만이라도 저 집에서 살아 보고 싶다고 생각했지만, 월세가 2천만 원인 것을 확인하고 그냥 피식 웃고 말았다.

장국영이 키우던 반려견 '빙고'가 죽은 후 당학덕(사람들은 그를 장국영의 동성연인이라고 부른다) 마저 이 집을 떠난 지 오래라 이곳을 장국영의 집이라고 말하기 무색해져 버렸지만, 여전히 장국영의 팬이라면 이곳은 성지일 수밖에 없다.

오늘의 마지막 일정은 몽콕에 있는 신화중심SINO Centre이라는 쇼핑센터다. 집을 찾는 데 너무 많은 시간을 보내 시간이 꽤 늦었다. '信和中心'이라고 한자로 써 왔어야 했다. 'SINO Centre'를 물으면 아는 사람이 거의 없다. 어떻게 물어물어 오기는 했다. 기내식을 먹은 후 저녁 여덟 시가 되도록 아무것도 먹지 못해 배가 많이 고프다. 우선 배를 채우자 싶어 눈에 보이는 가장 가까운 곳에 들어가 청경채와 고기가 올라간 덮밥을 주문했다. 식당도 시간이 늦어 문을 닫을듯한 분위기다. 급히 밥을 먹고 신화중심으로 들어가 장국영 음반과 영화 DVD를 잔뜩 골라 담았다. 사진이 들어간 2004년 달력과 티셔츠 모두 사고 싶다.

More About!
신화중심 信和中心

2003년 당시 신화중심은 불법복제 CD와 DVD를 저렴하게 살 수 있는 곳으로 유명했다. 돈 없는 학생 시절이기도 했고, 당시에는 저작권 보호 인식이 크게 없던 터라 깊은 고민 없이 DVD를 샀다. 현재 불법복제품을 파는 상점들은 정리되었고, 이제는 피규어 전문 쇼핑센터로 유명하다.

문을 닫는 가게가 하나 둘 늘어난다. 생각보다 홍콩 가게는 일찍 문을 닫는구나. 야경이 유명한 곳이라 늦게까지 영업하는 곳이 많으리라고 막연히 생각했는데 이곳도 밤이 되면 불빛이 잦아든다. 하루가 이렇게 저물어 버렸다. 호텔로 돌아가니 어느새 자정이다. 힘들고 지친다. 뜨거운 물에 몸이라도 담그고 싶다. 그래야 내일을 맞이할 수 있을 것 같다. 침대가 유난히 편안하게 보인다.

인터콘티넨탈 홍콩의 로비 라운지에서 보는 홍콩 섬

스물셋 생일, 빅토리아 피크에서
시간의 벽을 넘다(#금지옥엽 #성월동화)

일곱 시 30분, 저절로 눈이 떠진다. 아홉 시 모닝콜을 부탁했는데 괜한 짓을 했다. 언니는 피곤한지 아직 일어날 생각이 없다. 혼자 1층 로비로 내려와 통 유리 밖으로 보이는 홍콩 섬을 내다보았다. 홍콩에서 하룻밤을 보냈는데도 눈앞에 펼쳐지는 빅토리아 항구 전경이 믿기지 않는다.

언니는 아직 꿈나라고, 오늘이 아니면 이용할 시간이 없을 것 같아 수영장으로 간다. 헬스장을 지나면 있는 야외 수영장이다. 이른

시간이라 그런지 사람이 거의 보이지 않는다. 아홉 시까지만 있어
야겠다.

수영을 마치고 방으로 돌아와 나갈 준비를 했다. 오늘은 홍콩 섬
으로 가야 한다. 센트럴에 도착하면 만다린 오리엔탈 호텔이 제일
먼저 눈에 들어오겠지? 호텔을 나섰다. 페리로 향하는 길에 홍콩 컨
벤션 센터를 배경으로 언니와 함께 사진을 몇 장 찍었다. 센트럴행
페리를 탄다. 이런! 점점 만다린 오리엔탈이 가까이 보인다. 차마 쳐
다볼 수가 없다. 서둘러 이곳을 떠나야겠다. 언니와 나는 오션 파크
Ocean Park로 가는 시티 버스를 탔다. 버스가 섬 반대쪽으로 달린다.

1977년 개장한 오션 파크는 꽤 규모가 큰 해양 테마 파크다. 산
아래 워터 프론트 구역에는 동물원과 수족관이 있고, 산 정상 서밋

구역에는 놀이기구가 있다. 나는 도착해서 제일 먼저 케이블카를 타고 산 정상으로 올라간다. 케이블카를 타고 1.5킬로미터나 펼쳐지는 바다 전경을 보고 있으니 가슴이 뻥 뚫린다. 역시 바람이 좋다. 케이블카에서 내리니 야외 공간에 설치된 그늘막 아래 선풍기가 돌아가고 있다. 야외 공간에 냉방기가 설치돼 있는 풍경이 낯설다. 더위 속에서 입장을 기다리는 사람들을 위한 배려인가 보다.

다시 워터 프론트 구역으로 돌아와 수족관도 보고 물개 쇼도 관람했다. 잠시나마 아무 생각 없이 웃다보니, 쇼가 가능할 만큼 훈련된 물개의 모습을 보며 이렇게 웃고 있는 것이 미안하다는 생각이 든다. 묘기를 부릴 때마다 맛있는 먹이를 보상받으니 이 쇼가 물개에게 선善이라고 말할 수 있을까? 그저 유희를 제공하는 도구로써

동물을 대하는 내가, 그리고 인간이 너무 잔인한 것은 아닐까?

다음 목적지는 빅토리아 피크^{Victoria Peak}다. 저녁식사를 할 레스토랑에 예약을 해 놓은 시간은 일곱 시인데 여섯 시쯤 도착했다. 시간

이 남아 상점을 둘러보다 캔디 하우스를 발견한다. 저곳에 혹시 페코짱 밀키가 있지 않을까? 나는 상점 안으로 뛰어 들어간다.

…… 찾았다! <이도공간> 속 밀크 캔디다. 그의 집 앞에 두고 갈 예쁜 초도 고른다.

다시 카페 데코^{café Deco}로 간다. 빅토리아 피크에 있는

카페 데코는 <금지옥엽>에서 세 번이나 등장하는 장소다. 실제로 장국영이 이곳에 자주 왔다고 한다. 여기서 저녁 식사를 하려고 창가 자리를 예약해뒀다. 예약할 때 장국영 팬임을 밝히고 영화 속에서 그가 앉았던 자리로 준비해달라고 부탁했다. 레스토랑에 도착하니 창가 테이블로 안내해준다.

이곳은 내 상상보다 훨씬 크고 분주하다. 까르보나라와 오리구이를 주문하고 음식이 나오기를 기다리는 동안 이곳저곳을 둘러본다. 홍콩 섬 야경이 눈앞에 펼쳐진다. 영화에서처럼 낮에 온다면 어

영화 〈이도공간〉 속 처방약 페코짱 밀키, 박스는 영화 속 그것과 다르다.

〈금지옥엽〉에서 샘이 앉았던 야외 테라스 자리와 야경

떤 모습일지 사뭇 궁금해진다. 다음에는 낮에 와봐야겠다.

　라면에 김치, 자장면에 단무지가 꼭 필요한 나는 음식이 나온 후 피클이 없는지 물어본다. 직원이 내 '피클' 발음을 한 번에 알아듣지 못했다. 너무 한국식으로 말했나 싶어 다시 한 번 '픽'에 강세를 두고 "픽클"을 외쳐본다. 직원은 이제야 알겠다며 피클을 가져온다. 식사를 마치고 후식으로 블랙 포레스트 케이크 한 조각도 흡입한다. 이것이 올해 생일 케이크다. 음식 맛이 환상적이진 않았지만, 스물셋 생일 저녁, 홍콩 섬 야경을 보며 한 식사와 내가 장국영의 팬이 된 영화, <금지옥엽>에 등장하는 이곳에 와 있다는 것만으로도 만족스럽다.

More About!
<금지옥엽>

가수 로즈(유가령)의 열성 팬인 임자경(원영의)은 로즈의 연인, 음반제작자 겸 작곡가 샘(장국영)이 신인 남자 가수를 찾는 오디션에 남장을 하고 참가한다. 자경은 오디션 장에서 로즈를 보게 될 수도 있다는 단순한 기대로 참가했는데, 평범한 사람을 스타로 키워 내겠다는 생각으로 샘은 자경을 발탁한다.
샘과 로즈는 비밀 계단으로 오갈 수 있는 같은 건물 위 아래층에 살고 있다. 그리고 샘의 집에서 자경도 함께 지내게 된다. 자경이 남장여자인 것을 모르는 로즈는 순진한 자경에게 끌린다. 샘은 자경이 게이라는 오해 때문에 경계 태세를 늦추지 않지만, 결국 자경의 순수함과 자유분방함에 조금씩 마음을 열게 되고 자신이 남자를 좋아한다는 생각에 혼란을 느낀다.

해외 공연으로 로즈가 홍콩을 떠나 있던 어느 날, 그랜드 피아노 밑에서 잠을 청하려던 자경은 술에 취해 걸어 들어오는 샘을 보고 샘에게 들키지 않고 방으로 돌아가려 하지만, 결국 샘에게 발각된다. 샘은 자경에 대한 감정을 주체하지 못하고 격정적인 키스를 하고 만다. 이후 공연에서 돌아 온 로즈는 자경이 여자임을 알게 되고 떠나 줄 것을 부탁 한다. 자경은 자기가 로즈와 샘의 사랑을 깨뜨렸다는 자책감으로 로즈의 부탁대로 샘의 집을 떠나게 된다. 하지만 샘에게 자신이 여자임을 알리고 고백하기로 마음을 먹고 하얀색 원피스를 입은 채로 다시 샘을 찾아온다. 샘의 집 승강기에서 다시 마주하게 된 두 사람, 샘은 자경에게 "네가 남자이든 여자이든 난 널 사랑해"라고 말하고 키스를 하면서 영화는 끝이 난다.

<커피 프린스 1호점>이라는 드라마가 방영되었을 때 공유가 남장 여자인 윤은혜에게 끌리는 마음을 부정하는 에피소드를 보면서 나는 작가나 연출자가 <금지옥엽>에서 모티브를 가져오지 않았을까 생각했다. <금지옥엽> 역시 샘이 자경에게 끌리는 감정을 부정하다가 자경이 남자든 여자든 그 감정을 거부하지 않겠다는 결심을 하게 되는 과정을 담고 있기 때문이다.

팬 입장에서 <금지옥엽>이 좋은 이유는 샘이 장국영의 영화 속 캐릭터 중 손에 꼽을 만큼 밝고 유쾌하기 때문이다. 영화 속 장국영 캐릭터는 대부분 어둡고 처연한데 이 때문에 영화를 보는 것 자체가

힘들게 느껴질 때가 있다. <패왕별희> 속 데이나 <풍월> 속 충량, 그리고 <아비정전> 속 아비까지 모두 비극적으로 생을 마감한다. 하지만 <금지옥엽>은 장르 자체가 로맨틱 코미디이기도 하고, 장국영 영화 중 몇 편 안되는 해피엔딩이라 보는 내내 웃으면서 그를 대할 수 있어서 좋다.

식사를 마치고 이 건물(피크 갤러리아) 옥상으로 가 본다. 아름다운 야경에 압도되어 계속 감탄사가 흘러나온다. 이곳에서 보는 야경도 충분히 황홀하지만 영화 <성월동화>의 마지막 장면을 촬영한 피크 전망대로 가 보기로 한다.

영화 속과 조금 다른 이곳 전망대에는 사람들이 가득하다(영화 속에서는 긴 의자 옆에 전등이 있었는데 아마도 영화 촬영을 위해 잠시 설치했던 모양이다). 사진을 찍기 위해 전망대 난간은 사람들로 북적댄다. 이렇게 많은 사람들 중에 가보와 히토미는 보이지 않는다. 나는 덜 붐비는 긴 의자에 가보가 앉았던 것처럼 잠시 앉아 본다. 영화 마지막 장면에 안개 낀 피크 전망대에서 다시 만나게 되는 히토미와 가보가 눈앞에 아른거린다. 히토미가 가보에게 준 주크 박스에서 흘러나오는 음악 소리도 귓전에 맴도는 듯하다. 같은 공간, 다른 시간…… 그렇게 나는 시간의 벽을 넘어 그를 만나고 있는 중이다.

피크 갤러리아 옥상에서 바라 본 피크 전망대 인파

2003년 8월30일, 피크 전망대 벤치에서.

More About!
<성월동화>

히토미(토키와 타카코)와 약혼자 타츠야(장국영)는 결혼 후 홍콩에서 살기로 한다. 하지만 둘이 함께 차를 타고 가던 어느날, 교통사고로 타츠야가 죽고 만다. 히토미는 혼자서라도 타츠야가 생활하던 홍콩에 가보기로 한다. 타츠야가 일하던 호텔에서 유품을 정리하던 중 타츠야가 죽기 전에 히토미와 함께 할 데이트 코스(영화 보기, 빅토리아 피크에서 야경 보기, 바닷가 식당에서 식사하기)를 메모해 둔 수첩을 발견한다. 히토미는 약혼자의 유품을 챙겨 호텔을 나서다가 타츠야와 똑같이 생긴 홍콩 비밀경찰 가보(장국영)를 우연히 보게 된다.

가보는 이곳에서 위장 신분으로 임무를 수행하고 있다. 그러다 그거 정체가 드러날 위기를 모면하려고 처음 본 히토미에게 키스하고, 히토미는 순간 정신을 잃는다. 가보는 쓰러진 히토미를 병원으로 데려다 주고 혼자 길을 나서지만 의식이 돌아온 히토미는 무작정 가보를 뒤쫓아 가보의 집까지 함께 간다.

며칠 뒤 가보는 동료의 배신으로 부상을 입고 쫓기는 신세가 돼 히토미가 머물고 있는 타츠야의 집을 찾아가고, 히토미가 자신을 죽은 약혼자로 착각했음을 뒤늦게 알고 히토미에게 연민을 느낀다. 하루만 타츠야가 되어 달라는 히토미의 부탁으로 가보는 타츠야 수첩 속의 데이트 코스를 히토미와 함께 한다.

누명을 쓰고 경찰에 쫓기는 가보와 함께 하면서 히토미는 가보 역시 사랑하는 사람을 떠나보낸 아픔이 있음을 알게 된다. 가보와 히토미는 그렇게 서로의 상처를 보듬어 주면서 사랑을 느끼지만, 가보를 사랑하게 된 것인지 가보를 통해 타츠야를 찾고 있는 것인지 혼란스럽기만 한 히토미는 결국 한 발 더 다가서지 못한다. 히토미는 자신의 주크박스와 홍콩에서 가보와 함께 하며 찍은 사진으로 채운 사진첩을 가보에게 선물로 주고 일본으로 돌아가려고 택시에 몸을 싣는다.

히토미가 떠난 뒤 가보는 자신이 쓴 누명을 벗지만, 떠난 히토미를 그리워한다. 혼자서 빅토리아 피크를 다시 찾은 가보는 난간에 서서 히토미가 남긴 편지를 읽는다.

'…… 우리 그리고 모든 이들이 사랑을 가슴에 담길 바라요. 배 안에서 말한 내 꿈 기억하죠? 피크에서 당신이 날 안고 있는 꿈이었죠. 가보였는지 타츠야였는지 알 수 없지만……'

가보는 편지를 읽다가 주크박스에서 흘러나오는 음악 소리에 깜짝 놀라 뒤를 돌아본다. 그 곳에는 히토미가 서 있다. 히토미는 손을 내밀어 처음 보는 사이처럼 가보에게 악수를 청한다.

"난 히토미예요. 만나서 반가워요. 당신은요?"

"난 가보예요. 만나서 반가워요."

<성월동화>의 이인항 감독은 누구나 한번쯤 꿈꿔볼 동화 같은 사랑 이야기를 만들고 싶었다고 말했다. 장국영도 숙명적인 사랑 이야기라서 출연을 결정했다고 했다. 현실에서 일어나기 힘든 이야기

면 또 어떤가? 마음이 몰캉몰캉해지는 것만으로도 충분히 좋지 않은가?

<성월동화>는 홍콩의 예쁜 모습을 많이 보여준다. 이 영화를 본다면 영화 속 빅토리아 피크가 너무 아름다워 꼭 가보고 싶다는 생각이 들 것이다. 물론 실제 빅토리아 피크는 항상 사람으로 붐벼 영화만큼 낭만적이지는 않다. 누명을 쓰고 경찰에 쫓기는 가보는 히토미와 함께 옛 연인의 언니(양자경)가 살고 있는 마을에 잠시 머무는데, 이 때의 장면들도 참 좋다. 가보가 한 손에는 랜턴을 들고, 다른 한 손으로는 히토미의 손을 잡고 바닷가를 거니는 장면, 히토미에게 애인을 보여준다며 새끼 오리들을 만나는 장면…… 꼭 한 번 직접 보고 싶은 곳인데, 촬영지가 어디인지 정보가 없어 아쉽다. 동화처럼 예쁜 이 장면을 떠올리며 영화 OST를 들을 때면 나는 어느새 히토미가 된다.

호텔로 돌아가려고 2층 버스를 탔다. 몇 시까지 페리를 운행하는지 알 수 없어 센트럴에서 MTR을 타고 침사추이역에 내려 호텔로 돌아왔다. 잘 준비를 마치고 TV를 켜니 <패왕별희>가 나오고 있다. 어제도 TV 연속극 <천녀유혼>을 봤는데, 이곳에 오니 그를 떠올리게 하는 것이 많다. 홍콩에 있어 기쁘지만, 지금 그가 여기 없어 슬프다.

만다린 오리엔탈 24층에서 본 하늘,
그가 남긴 만우절 거짓말(#성월동화)

        이틀 간의 강행군으로 일어나기가 힘들
다. 어쩌면 오늘 가야 할 곳 때문인지도 모른다. 오늘은 '마지막'이
라는 말이 내 머릿속을 가득 채울 것이다. 만다린 오리엔탈 호텔. 그
곳에 가보기로 했다. 홍콩 섬으로 가는 페리 안, 만다린 오리엔탈이
점점 가까워진다. 벌써부터 가슴이 두근거린다.

홍콩 섬 페리 터미널에서 내려 호텔로 간다. 호텔에 들어서자 갑자기 심장이 요동치기 시작한다. 너무나도 고요한 이 곳. 인터콘티넨탈이나 페닌슐라에서 느끼지 못한 위압감이 느껴진다. 눈치를 보다 곧장 엘리베이터 쪽으로 가 24층을 눌렀다. 드디어 승강기 문이 열린다. 투숙객도 아니고, 스위트룸이 있는 24층에 내리는 것이 눈치가 보인다. 하지만 내 눈으로 확인하고 싶었다. 그의 마지막이 되어버린 공간을…….

'도대체 나는 뭘 알고 싶은 거지?'

왼쪽으로 가면 헬스장, 오른쪽으로 가면 수영장이다. 빠른 걸음으로 헬스장에 들어섰다. 생각보다 훨씬 비좁다. 숨이 턱까지 차오르는 것 같다. 저 창문 중 어느 하나겠지. 드디어 그의 마지막을 대면하는 순간이다. 차마 오래 머물 수 없어 뛰쳐나왔다. '왜 이곳이었을까? 왜 그 날이었을까? 그가 마주한 마지막 하늘은 어땠을까?'

열여덟 여름 어느 날, 청계천 상가를 뒤져 찾아낸 장국영 고별 콘서트 실황 비디오가 떠오른다. 잊히는 것이 두렵다던 그, 언젠가 커피숍을 열어 이 자리에 온 팬이 입장권을 들고 오면 공짜로 커피를 주겠다던 그. 잊히는 것이 두려웠던 천상배우 장국영은 그렇게 팬들의 기억 속에 영원히 남을 죽음을 선택했다. 이곳 그리고 그날의 죽음이 즉흥적이지 않은, 오랜 고민의 결과인 것 같다는 생각이 내 머리 속을 떠나지 않는다.

같은 층에 있는 마카오 스위트룸 앞까지 걸어 가본다. 4월 1일, 그날까지 그가 머물던 방이다. 지금은 다른 누군가가 묵고 있나 보

마카오 스위트룸 앞

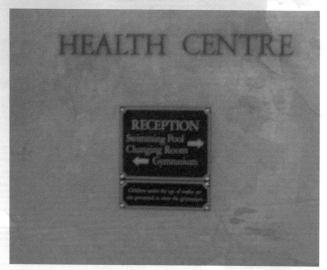

헬스장 안내 표시판

다. 내가 오늘 이곳에서 그에 대한 기억을 담아 둘 방법은 복도에 붙은 방향 표시판을 사진으로 남겨두는 것밖에 없다.

아쉬운 마음 반, 더 이상 머물기 힘겨운 마음 반으로 엘리베이터를 타고 내려가 1층 로비에 잠시 앉았다. 아마도 가까운 그의 생일(9월 12일)이 되면 호텔 1층 주변은 다시 그를 그리워하는 팬들의 편지와 꽃이 가득하겠지? 이제 이곳을 떠나야겠다. 뒷문으로 나가니 길 건너 던힐 매장이 눈에 들어온다. 이곳에서 환한 미소를 지으며 서 있던 그의 사진이 내 머리 속을 스쳐지나가 카메라에 이곳을 담아 두기로 한다.

More About!
만다린 오리엔탈 홍콩

1963년 개업한 만다린 오리엔탈 홍콩은 오랫동안 아시아 최고의 호텔로 꼽힌다. 2003년 4월 1일, 장국영이 이 호텔 헬스장 창문으로 뛰어내려 투신자살하면서 장국영 연관 검색어가 된 호텔이다. 2003년에는 24층에 피트니스 클럽이 있었는데 2005년에서 2006년까지 건물 개보수를 하면서 23층으로 피트니스 클럽이 옮겨졌고, 2003년 그날의 내부는 더 이상 볼 수 없다.
하나 더, 이 호텔의 클리퍼 라운지는 애프터눈 티로 유명하다. 스콘과 함께 나오는 장미 잼이 특히 유명하다. 물론 장국영 역시 이곳에 자주 갔다. 지금은 같은 호텔의 카페 코젯에서도 동일한 티와 베이

커리를 맛볼 수 있어 클리퍼 라운지의 인기가 예전 같지 않다고 한다.

　　오늘은 동선이 조금 꼬였다. 만다린 오리엔탈 호텔이 있는 센트럴에서 홍콩 컨벤션 센터가 있는 완차이에 갔다가 코즈웨이베이Causeway Bay로 이동했는데 생각보다 시간이 얼마 지나지 않았다. 그가 마지막으로 식사를 했다고 알려진 퓨전FUSION이라는 레스토랑에서 저녁을 먹을까 했지만, 그때까지 코즈웨이베이에서 시간을 보내기엔 아깝다. 미니버스를 타고 스탠리까지 갈 수 있으니, 갔다가 다시 돌아오기로 했다.

　　코즈웨이베이에는 <아비정전> 촬영지인 퀸즈 카페Queen's Café와 장국영이 운영한 '위니종정'이라는 카페 자리에서 '퀸즈 카페'라는 이름으로 영업 중인 퀸즈 카페가 있다. 장국영이 코즈웨이베이에 '위니종정'을 열었을 때 인터뷰한 동영상을 본 기억이 있다. 리포터는 그에게 왜 카페를 열었냐고 질문했고, 그는 고별 콘서트 때 팬들에게 카페를 열어 콘서트에 오신 분에게 공짜로 커피를 주겠다고 했는데 약속을 지키지 못해 늦게라도 열었다고 답했다. 역시 그가 고별 콘서트 때 한 말은 그냥 한 말이 아니다.

　　지금은 주인도 바뀌고 장국영과 관계가 없는 곳이지만 '퀸즈 카페'라는 이름 때문인지 내부에는 영화 아비정전 포스터가 걸려 있다. 종업원은 내가 장국영 팬임을 아는지 모르는지 나를 아비정전

옛 위니종정 자리에 있는 〈퀸즈 카페〉 입구

포스터가 있는 자리로 안내한다. 이곳에서 말로만 듣던 티본스테이
크를 처음 맛봤다. 식사를 마치고 종업원에게 퓨전 위치를 물어봤
더니 친절히 지도에 표시해준다.

두 퀸즈 카페를 지나 조금 더 걷다 보면 스테인리스 간판 위에 퓨
전Fusion이라는 붉은 색 상호가 선명히 새겨진 레스토랑이 나온다.
통유리를 둘러싼 대리석 외관이 한 눈에 들어온다. 저녁을 이곳에
서 먹을지 '스탠리즈 프렌치Stanley's French'에서 먹을지 아직 결정하
지 못했다. 위치만 확인하고 스탠리에 가려고 길을 나섰다.

스탠리에 가려고 스탠리행 버스가 서는 정류장을 찾아도 도무지 찾을 수가 없다. 어쩔 수 없이 다시 센트럴로 가서 버스를 타기로 했다. 언니가 내내 짜증을 낸다. 하긴, 지금까지 잘 참고 다녀줘서 다행일지 모른다. 오늘은 유난히 많이 헤맸기 때문에 나도 지쳤다. 결국 스탠리까지 오는 데 두 시간이 걸렸다.

스탠리는 <성월동화>에서 타츠야가 히토미와 가려고 메모해 둔, 창문 밖으로 바다가 보이는 레스토랑 스탠리즈 프렌치가 있는 곳이다. 여기에서 바닷가가 보이는 2층 자리에 앉아 저녁식사를 할지 퓨전으로 돌아가야 할지 오는 내내 고민했다. 그런데 안타깝게도 이 프랑스 식당은 문을 닫아 버렸고, 사유지니 함부로 들어가지 말라는 경고만 나부끼고 있다. 어쩔 수 없이 출입을 막는 표시 앞에서 사

진만 찍었다.

타츠야와 똑같이 생긴 가보를 타츠야로 착각하고 눈치 없이 결혼 축하 케이크를 서비스로 주는 식당 직원들을 보던 히토미의 마음이 나와 같았을까? 많은 시간을 들여 온 곳인데 더 이상 영업하지 않아 굳게 닫힌 문을 보니 눈물이 터져 나올 것 같다. 하지만 같이 온 언니를 생각해 머레이 하우스^{Murray House}까지 걸었다. 바닷가 쪽을 보고 있는 긴 의자에 앉아 잔잔히 이는 물결을 바라보다 홍콩에서 그의 흔적이 하나 둘 사라져 가고 있다는 생각에 애써 발길을 돌려버렸다.

다시 코즈웨이 베이, <퓨전>에 들어섰다. 이국적인 음악이 흘러 나오는 이곳은 참 세련된 분위기다. 종업원이 내게 다가와 금연석에 앉을지 흡연석에 앉을지 물어본다. 나는 금연석을 원했고, 종업원은 나를 문 앞자리로

안내했다. 왠지 이 자리가 마음에 들지 않아 원하는 자리에 앉아도 되는지 물었더니 그렇게 하라고 한다. 더 안쪽 벽에 붙은 자리에 앉 겠다고 했다. 그는 대체 무엇을 먹었을까? 차마 종업원에게 물을 수 없어 나는 그냥 해물 리조또를 주문한다. 식사를 마칠 때쯤 종업원 이 다가와 혹시 '레슬리'의 팬이냐고 묻는다. 낮에 밖에서 사진을 찍 는 것을 봤다고 한다. 그녀의 다음 말에 내 심장은 일순간 멈춰버렸 다. 아무 생각 없이 밥을 먹은 바로 이 자리가 그가 4월 1일에 마지 막으로 식사를 한 자리라는 것이다. 아, 이 기분은 뭐라고 표현할 수 없다. 갑자기 눈물이 쏟아졌다. 다른 사람들은 태연히 식사 중인데 이 자리에서 눈물이 흐르다니……. 하지만 흐르는 눈물을 멈출 수 가 없다. 바로 이 자리였구나, 내가 앉아 있는 바로 이 자리…… 그

가 앉았던 자리이기도 한……. 순간 그의 체온이 날 감싸는 듯했다.

　나는 종업원에게 그가 즐겨 먹던 디저트를 물어봤다. 말하길 그는 보통 여기서 점심을 먹었는데 점심에는 디저트를 팔지 않았다며, 하지만 기억하기로 아이스크림을 먹은 적이 있다고 했다. 그래서 아이스크림을 주문했다. 세 가지 맛 중 고를 수 있어 그가 좋아하던 망고를 선택했다. 망고 샤베트 맛이다. 사르르 녹으며 향이 입안에 퍼진다(지금 생각해보면 어쩌면 그녀가 내게 선의의 거짓말을 한 것일 수도 있다. 그가 앉은 테이블이 아니었을 수도 있다. 하지만 그 순간 나는 그녀의 말을 조금도 의심하지 않았다).

　그렇게 식사를 마치고 해피밸리행 트램을 탔다. 목적지는 알라바ALABAR라는 가라오케 주점이다. '장국영 사랑'이라는 다음 팬 카페에 이곳을 찾아가는 길을 설명해 둔 글을 보고 순례지에 추가했다. 파파라치가 장국영과 당학덕이 함께 있는 사진을 찍었는데, 그 사진 배경이 이곳 알라바 앞이다.

　담배를 든 장국영의 뒷모습인데, 한 손으로 당학덕의 손을 잡고 있다. 이 모습을 파파라치가 몰래 찍었는지, 반대로 파파라치를 발견한 그가 오히려 당학덕 손을 덥석 잡았는지 모르겠다. 내가 상상하는 장국영은 후자의 행동도 할 수 있는 사람이다.

사진이 찍힌 골목길

More About!
장국영과 홍콩 언론

장국영은 솔직하고 직설적인 언행 때문에 언론과 사투를 벌였다고 알려져 있다. 1989년 장국영은 최고 전성기 때 가수 은퇴 선언을 한 적이 있는데, 천안문 사태에 대해 중국 정부를 비난해 정부가 압력을 행사해서라는 이야기가 있을 정도다. 뿐만 아니라 삼합회의 영화계 진출에 공개적으로 반대 발언을 하기도 했다. 지금이야 소셜테이너라는 신조어도 있지만 1980년대에 사회 문제에 대해 적극적으로 자신의 의견을 밝히는 일이 쉽지 않았을 텐데……. 이 두 사건은 그의 솔직하고 거침없는 성격을 단적으로 보여준다.

실제로 1989년 ATV 토크쇼에서 장국영은 이렇게 말했다.

"연예계 생활을 하면서 깨달은 한 가지 사실은 사람들이 거짓말을 듣고 싶어 한다는 것이다. 얼마 동안은 내가 무슨 말을 하든 그게 틀렸다면서 욕했다. 대체 무슨 말을 하라는 말인가? 내 생각은 봉인해버리고 그저 사람들이 검은색이 흰색보다 예쁘다고 하면 나도 따라서 그렇다고 하라는 것인가? 예를 들어 내가 흰색이 검은색보다 밝다고 하면 사람들은 나보고 틀렸다면서 검은색이 흰색보다 밝다고 하더라. 나중에는 나도 포기하고 '아, 그러네요. 검은색이 흰색보다 밝네요'라고 했다. 그러니까 그제서야 사람들이 날 좋아하기 시작했다. 나는 내 나이 스물여덟이 되고 겨우 세상 돌아가는 이치를 깨달았다."[1]

이 인터뷰 내용을 들었을 때 '아, 얼마나 시달렸으면 이런 비유를 했을까'라는 생각이 들었다.

언론에 대한 염증을 느낄 수 있는 다른 발언도 있다. 그는 한 신문에 대해 "나와 <빈과일보>는 공존할 수 없다. 기자들이 내 입까지 막지는 못할 것이다. 이것은 내 삶이다. 무슨 권리로 내 삶을 파헤치고 심판하려고 하는가? 제멋대로 타인의 삶을 망가뜨리고 왜곡하는 소수가 홍콩 연예계를 퇴보시키고 홍콩 사람들의 자긍심을 훼손하고 있다"[2]고 말했다고 한다.

그렇게 세상 앞에 당당하고 언론에게 쓴 소리를 마다하지 않던 그이기에 파파라치를 발견했을 때 보란 듯이 친구의 손을 잡았을지도 모를 일이다.

문을 열고 안으로 들어갔다. 작고 평범한, 그렇지만 평범하지 않은 이곳은 정말 장국영스럽다. 2층에 자리를 잡고 앉아 칼스버그(장국영이 좋아한 맥주다)와 다이아몬드블랙을 마셔본다. 우리가 첫 손님이다. 곧 테이블이 하나 둘 차기 시작한다. 나는 용기를 내 장국영 노래를 틀어 달라고 말했다. 열정熱情과 니재하지你在何地가 연달아 나온다. 혼자서 '니재하지'를 흥얼거렸다. 손님들이 하나 둘 들어오고 다들 노래를 부르기 시작했지만 아쉽게도 그의 노래를 부르는 이는 없다. 언니와 이런 저런 이야기를 하며 술을 마시는데 아는 얼굴이 손님으로 왔다. <가유희사>에 장국영과 함께 출연한 황백명(<

1,2: http://blog.naver.com/leslie5604, [레슬리의 작은 방]에서 번역글 참조

백발마녀전>의 제작자이기도 하다)이 옆 자리에 앉아서 노래를 부르고 게임도 하고 있었다. 만약 4월 1일 전에 이곳에 왔다면, 황백명이 아닌 칼스버그를 주문해 마시고 있는 장국영을 볼 수 있었을까?

장국영이 이곳을 왜 좋아했는지 이해가 간다. 참 편안하고 아늑하다. 자리에서 일어나기가 싫다. 언젠가 다시 이곳에 올 수 있을까? 바를 나서는데 비가 쏟아지기 시작한다. 이 비는 뭐지? 지난 4월처럼 하늘에서 내리는 그의 눈물인 걸까?

마지막 날 아침이 밝았다. 비행기 출발 시간이 되기 전 다시 한 번 몽콕 집을 찾았다. 첫 목적지가 이곳이었듯, 마지막 목적지도 이곳이다. 이번에는 헤매지 않고 능숙하게 카두리 애비뉴를 걸어 올라갔다. 다시 그의 집이 보이기 시작한다. 나는 호텔방에서 쓴 편지와 준비해 간 선물을 현관문 앞에 두었다. 이 초가 그가 가는 곳 어디든 환히 비춰 주길 바라면서.

알라바 입구

그의 집앞에 두고 온 편지와 양초

번외 장:
영국 리즈에서 장국영 흔적 찾기,
꿈속에서 만나다

진로에 대한 깊은 고민 없이 떠밀리듯 전공을 고른 나는 마지막 학기까지도 변변한 취업 준비를 하지 않았다. 신입 공채 채용 공고를 보고 몇몇 공기업과 대기업에 원서를 내고 최종 면접까지 가기도 했지만 졸업식 날짜가 다가올 때까지 합격 통보를 받지 못했다. 그때까지 인생에서 낙오를 겪어보지 못한 나는 소속이 없다는 것에 두려움이 커져 갔고, 결국 2005년 봄에 어학연수라는 명목으로 영국으로 떠났다.

어학연수지를 영국으로 결정한 가장 큰 까닭은 리즈에 가보고 싶어서였다. 장국영이 리즈대학교에서 공부했기 때문이다. 장국영이 유학한 때는 1970년대니까 분명 지금 리즈와 그때 리즈는 많이 다른 모습일 테지만…… 그래도 한 번은 꼭 가보고 싶었다. 한 달에 한 번은 당일치기 여행으로 잉글랜드 내 도시들을 다녀왔고, 여름에는 웨일즈, 아일랜드, 그리고 스코틀랜드를 갔다. 9월 마지막 주, 드디어 리즈로 떠날 결심이 섰다.

'난 지금 레슬리(장국영의 영어 이름)의 흔적을 찾아 태어나 처음으로 혼자 여행을 떠나는 거야! 혼자라도 괜찮아! 낯선 도시 리즈에서 나는 진짜 어른이 될 거야.'

리즈 행 버스를 탔다. 덩치도 큰 사람들이 버스 좌석은 왜 또 그리 좁게 만든 건지…… . 본머스에서 버스를 이용해 리즈로 가려면 런던을 거쳐야 한다. 그렇게 다섯 시간 정도를 달려 오후 다섯 시가 넘어서야 리즈에 도착했다.

숙소를 예약하지 않아 관광 안내소를 찾아가야 하는데, 안내소

리즈로 가는 길. 런던에서

가 버스 터미널이 아닌 기차역 앞에 있어 여행 가방을 끌며 가까스로 도착했다. 내가 예상하고 간 가격대의 방은 남아 있지 않았고, 그렇다고 노숙할 수는 없기에 거금을 내고 힐튼 호텔에 방을 잡았다 (가난한 연수생 시절이라 택시비가 아까워 기차역까지 걸어가던 때였다). 그리고 호텔 주변을 구경했다. 목적지도 없이 발길 닿는 대로……. 오래된 건물 사이에 최근에 지어진듯한 건물이 있다. 30년이면 건물을 헐어내고 새로 짓는 한국과 달리 유럽 도시에서는 오래된 건물도 개보수를 해서 사용하는 경우가 많기 때문에 세월을 그대로 간직하고 있는 거리를 쉽게 볼 수 있다.

리즈 타운으로 추정되는 거리를 걸었다. 내가 생활하던 본머스보다 도시 규모가 커서인지 리즈에는 아케이드가 여러 개 있다. 영국에서는 쇼윈도에 있는 옷이 탐난 적이 한 번도 없었는데 이곳 아케이드는 매장마다 들어가 양손에 쇼핑백을 가득 들고 나오는 상상을 하게 만든다. 영국은 네 시 반이 지나면 상점이 문을 닫는 곳이라 인적 없는 아케이드 안에서 사진을 한 장 찍었다.

혼자가 아니라면 펍에 가서 칼스버그라도 한 잔 할 수 있는 시간이지만, 이곳 리즈는 공업 도시라 그런지 영화에서나 본 덩치 큰 흑인이 많아 혼자서 펍에 갈 용기가 나지 않는다. 호텔 방으로 돌아가기는 이른 시간이지만 이미 방에 도착해 첫 날 밤을 맞이했다.

다음날 아침, 리즈 외각에 있는 고택을 관광하고 리즈 대학을 찾아 나섰다. 영국은 한국과는 다르게 도시 곳곳에 분과대가 흩어져 있어 버스를 타고 제대로 리즈대학교에 내리기도 쉽지 않다. 버스

기사에게 리즈 대학이 나오면 말해달라고 부탁했지만 언제나 그렇듯이 그렇게 친절할 리 없다. 버스에서 내려 30분 넘게 온 길을 되돌아와 마주친 리드 대학 지도. 이 지도를 본 순간 반가웠지만 이곳을 알아보지 못한 나에게, 그리고 아무 말 없이 리즈 대학을 지나쳐 버린 버스 기사에게 화가 난다.

UNIVERSITY OF LEEDS.

이 세 단어를 보는 것만으로도 이유 모를 쓸쓸함을 느낀다. 그리고 생각보다 현대화 된 건물을 보면서 나와 그 사이에 놓인 시간의 벽을 또 한 번 절감한다. 내가 처음 마주한 이 건물은 공대 건물이다. 다른 건물들과 비교해보니 최근에 생긴 것 같다. 더 오래된 건물을 찾아 가야 하는데……. 이곳 어딘가를 그도 스쳐 지나갔을까? 아무리 둘러봐도 그의 흔적을 찾기가 쉽지 않다.

한참을 헤매다 장국영이 이곳에 있을 때도 같은 모습이었을 것 같은 곳에 닿았다. 같은 공간에 가볼 수는 있지만 같은 시간을 공유

할 수는 없는 안타까운 현실. 그 현실이 야속하지만 그가 발표한 첫 음반, Day dreamin'이 담긴 CD 플레이어에 의지해 어떻게든 그때로 돌아가고 싶어 몸부림쳤다.

'I like dreamin', coz it can make you mine.'

드디어 장국영이 전공한 섬유학 단과대 건물로 보이는 곳까지 왔다.

'1956년에 지어진 건물이니 분명 그는 이곳에서 수업을 들었을 테다. 그리고 이쯤에서 기숙사 생활을 하지 않았을까?'

모두 추측일 뿐이지만 그렇게 그때를 상상해본다.

섬유전공대 표시판

School of Design
Man-Made Fibres
Division

THIS BUILDING WAS OPENED BY
HIS ROYAL HIGHNESS
THE DUKE OF EDINBURGH
KNIGHT OF THE GARTER

29TH JUNE 1956

기숙사 입구

More About!
장국영의 영국 유학과 영어 이름, 레슬리^{Leslie}

열두 살이 되던 해, 장국영은 영국 노퍽^{Norfolk} 카운티 노리치^{Norwich}로 유학을 떠났다. 친척이 운영하는 레스토랑에서 바텐더 아르바이트를 하다가 우연히 노래를 불렀는데, 반응이 좋아 주말에는 그곳에서 노래를 부르게 됐다. 13분짜리 아메리칸 파이를 매일 불렀다고 한다.

'레슬리'라는 영어 이름은 이때 만들었다. 장국영이 영화 <바람과 함께 사라지다>에 나오는 레슬리 하워드를 좋아했기 때문에 그의 이름을 따서 '레슬리'라고 지었다. 그는 자기 이름을 두고 "남자 이름이기도 하고 여자 이름이기도 해 마음에 들었다"고 말했다고 한다(leslie는 주로 남자 이름으로, lesley는 주로 여자 이름으로 쓰는데, 발음은 똑같이 '레슬리'다).

학업 성적도 좋았던 그는 리즈 대학교 섬유학과에 장학금을 받고 입학했다. 하지만 1학년을 마칠 때쯤 아버지가 쓰러져 다시 홍콩으로 돌아가야 했다. 그는 다시 영국으로 돌아가 학업을 마치고 싶었지만 집안 사정이 여의치 않아 홍콩에 남았고, 신발 가게에서 판매원으로 일하면서 돈을 벌었다. 이 시절 친구 하나가 방송국에서 하는 가창대회에 나가자고 해서 함께 참가했다가 2위를 하면서 연예계에 데뷔한다.

그가 영국에서 노래 부르는 아르바이트를 하지 않았다면 자신의 음악적 재능을 몰랐을 수도 있고, 어쩌면 우리는 장국영이라는 스타를 만나지 못했을지도 모른다. 상상만 해도 불행한 일이다.

리즈 대학을 떠나면서 못내 아쉬운 마음에 마지막으로 한 번 더 이곳을 사진에 담아본다.

리즈에서의 마지막 날. 아침 식사를 하고 숙소 근처 거리를 산책하다 미술관으로 간다. 미술관에 가는 것을 좋아하지는 않지만 까닭 없이 발길이 미술관으로 끌렸다. 전시된 작품을 꽤 흥미롭게 보고 리즈 마켓으로 발길을 옮겼다. 한국의 족발과 비슷한 모양을 한 고기도 있고, 백발 노인이 가게 앞에서 과자를 고르고 있기도 하다. 어느 나라나 시장 풍경은 비슷한가 보다.

PORK
SCRATCHINGS

40p
per 100g

마지막 일정, 스타벅스로 간다. 첫날부터 눈여겨 둔 스타벅스 매장으로 들어가 주문을 하고 2층에 창가 자리에 앉았다. 예스러운 건물에 스타벅스 매장이 자리 잡고 있는데, 높은 층고 때문에 더 넓어 보인다. 꽤 오래 자리를 차지하고 앉아 책도 읽고, 멍하니 다른 테이블에 있는 사람들도 구경했다. 영국에 있던 날 중 가장 여유롭고 기분 좋은 시간이다.

마지막 날 리즈 거리를 배경으로 한 사진 속 나는 웃고 있다. 사실 이날은 강한 햇빛 때문에 눈을 뜨고 있기도 힘들었는데……. 역시 사진은 모든 기억을 미화한다.

2장
잊힘, 그 쓸쓸함에 대하여,
2007년 12월

인생 2막 출발점, 그 겨울 홍콩

나는 영국에서 한국으로 돌아온 후 자연
스럽게 영어를 활용하는 일자리를 중심으로 구직했고, 번역 관련
일을 시작했다. 그리고 몇 번의 퇴직 시도 끝에 2년이 조금 안 되는
첫 직장생활을 끝냈다. 내 돈을 내고 지식을 습득하는 학교생활과
남의 돈을 받으며 노동을 제공하는 직장 생활은 완전히 달랐다. 일
에만 매몰되고 싶지 않아 새벽에는 영어, 저녁에는 수영, 주말에는
중국어 학원에 다녔다. 그렇게 학생일 때가 좋다는 어른들 말이 무
슨 의미인지를 온전히 이해할 수 있는 시간을 보냈다.

첫 직장을 그만두면서 본격적으로 새로운 일을 준비하기 전, 동

료 두 명과 함께 여행을 다녀오기로 했다. 여행지는 홍콩. 새로운 세상에 적응하느라 '장국영'이라는 이름 세 글자를 잠시 접어 두었지만 홍콩에서 심기일전해 인생 2막을 준비하는 의식이 필요했다.

살아있었다면 그는 올해 50세 한 해를 보냈을 것이다. 하늘의 뜻과 세상 원리를 알게 된다는 나이 지천명知天命이다. 서른쯤부터 얼굴로 그의 나이를 가늠하는 것 자체가 무의미한 일이었지만, 50세를 맞이한 그의 얼굴을 상상해보게 된다. 상상 속 그는 혼자만 세월을 빗겨간 얼굴을 하고 웃음 짓고 있다. 50세의 그를 만난다면 인생 상담을 부탁할지도 모르겠다.

홍콩의 겨울은 어떤 모습일까? 중국 반환 후 10년이 지난 지금, 홍콩은 얼마나 변했을까? 잊힘을 지독히 두려워하던 장국영의 흔적을 얼마나 간직하고 있을까? 다시 한 번 가슴이 뛴다. 마지막 출근을 한 다음 날, 홍콩으로 떠났다.

돌담 위 감탕나무와 만모사 선향, 삶이라는 것(#이도공간, #금지옥엽)

홍콩은 크리스마스를 맞을 준비를 끝냈다. 2008년 베이징 올림픽 디데이 카운트다운도 이미 진행 중이다. 이번 숙소는 하버 플라자 노스포인트Harbour Plaza North Point다. 홍콩에는 한 호텔 그룹에서 운영하는, 이름에 '하버Harbour'가 들어가는 호

텔이 많다. <성월동화>에서 히토미가 가보와 처음 만나는 하버 그랜드 홍콩Harbour Grand Hongkong에 묵을까 생각도 해봤지만, 지하철역

접근성이 만족스럽지 못해 포기하고 역에서 2분 거리인 이곳을 예약했다. 아쉽지만 겨울철이라 야외 수영장은 문을 닫았다. 숙소에 짐을 풀고 센트럴로 간다.

첫 번째 성지순례 때는 만다린 오리엔탈만 잠시 들렀을 뿐 미드 레이블 에스컬레이터도 타보지 못했다. 두 번째 방문에서야 처음 미드 레

이블 에스컬레이터를 탄다. 시작점인 더 원 빌딩으로 들어가 에스컬레이터에 몸을 싣고 올라가다 할리우드 로드에서 내렸다.

　작년에 울적한 마음을 달래려고 산 DSLR 카메라 셔터를 연신 눌러댔다. 할리우드 로드를 따라 소규모 화랑이 많이 보인다. 흔히 할리우드 로드를 홍콩의 인사동이라고 하는데, 그래서인지 인사동처럼 골동품 가게가 곳곳에 보인다. 사람들이 출퇴근을 할 수 있도록 미드 레블 에스컬레이터를 설치했을 만큼 골목골목의 경사가 가파르다. 날마다 이 가파른 계단을 오르내린다고 상상하니 한숨이 절로 나온다. 감탕나무 뿌리가 돌담을 조이고 있는 모습도 인상적이다. 돌담에 뿌리를 내린 이 감탕나무에게 경외감을 느끼듯 시멘트 사이 한 줌 흙에 뿌리를 내리고 꽃을 피우는 식물을 볼 때면 그 생

명력에 감탄하곤 한다.

조금 더 걷다 보니 도교 사원인 만모사가 보인다. 일본에서 출판된 장국영 사진집에서 그가 이곳 만모사에서 선향을 피우고 손을 모아 기도하는 사진을 봤다. 실내에 들어서니 생각보다 훨씬 큰 향이 뿜어내는 예상치 못한 매캐한 연기가 가득하다.

살다보면 가끔 이런 순간을 맞는다. 경험하기 전에는 미처 생각하지 못한 그 무언가가 툭 터져 나오는 순간. 어쩌면 스타의 삶도 그렇지 않을까? 수많은 사람의 관심과 사랑을 받는 화려한 삶처럼 보이지만, 그 속은 때로 감당하기 힘든 고독으로 가득 차 있을지도 모르겠다. 2003년 장국영의 죽음으로 홍콩 대중이 큰 충격을 받은 이유는 아마 남부러울 것 없어 보이는 대스타가 스스로 죽음을 선택했음에 대한 허탈감이었을 것이다. 생각지 못한 만모사의 선향 냄새와 연기처럼 말이다. 다른 사람이 걸어 놓은 선향에 잠시 눈을 감은 채 그의 평안함을 빌어본다.

왔던 길을 되돌아가 유럽풍 펍과 레스토랑, 알록달록한 건물 벽과 간판이 인상적인 소호거리를 지난다. 스톤턴 스트리트Staunton St와 셀리 스트리트shelley St가 만나는 곳에 '스톤턴스 와인 바 앤드 카페Staunton's Wine Bar & Cafe'가 있다. 다음 기회에 가보기로 하고 센트럴 역 쪽으로 내려간다.

More About!
<이도공간> 속 스톤턴스 와인 바 앤드 카페

이곳은 <이도공간>에서 얀과 짐이 지인들과 식사를 나누고 있는데 한 노부부가 난데없이 짐의 머리를 물잔으로 내려치는 장면을 촬영한 곳이다. 이 노부부는 짐에게 버림받고 자살한 첫사랑의 부모다. 영화 속에서 이 에피소드는 짐이 무의식 속에 가둬 둔 첫사랑에 대한 기억 조각을 끄집어내는 기폭제 역할을 한다.

얼마 지나지 않아 '프린지 클럽Fringe Club'이 보인다. <금지옥엽>에서 작곡가 샘(장국영 분)의 사무실로 나오는 곳이다. 신인 가수 오디션 대기 장소도 이 건물 옥상이다. 자경(원영의)이 오르내리던 내부 계단으로 통하는 문이 닫혀있어 올라가 볼 수 없다. 아쉬운 대로 길을 건너 건물을 배경으로 사진을 찍어본다.

프린지 클럽 옆 좁은 계단길을 내려와 퀸즈 로드 센트럴과 만난다. 대각선 맞은편에 음반 매장인 HMV가 눈에 들어온다. 일행이 없다면 들어가 장국영 음반을 골라 담겠지만, 동료들과 함께라 그냥 지나쳐 랜드마크 안으로 들어갔다. 안에는 대형 크리스마스 트리와 장식이 가득하다. 마지막 날 카페 랜드마크 Café Landmark에서 애프터눈 티를 마시기로 하고 나왔다.

쓸쓸함 그 자체, 스타의 거리

공중회랑을 지나 침사추이로 이동하려
고 페리를 탔다. 날은 어두워졌고 크리스마스 장식 덕분에 홍콩 섬
의 건물 외벽은 형형색색으로 반짝인다. 생각해보니 홍콩 영화를
보면서 특별히 영화 속 계절을 추측해 본 적이 없다. 내 머리 속 이곳
은 언제나 여름 또 여름이었다. 기억을 더듬어보니 주윤발이 발목
까지 오는 코트를 휘날리는 <영웅본색> 속 홍콩은 아마 겨울인가
보다. 영화 속 홍콩의 겨울을 애써 떠올려보지만 지금 눈앞에 펼쳐

진 크리스마스 풍경이 낯설기만 하다. 11월 마지막 날이지만 낮에는 셔츠 하나로 충분할 만큼 여행하기 좋은 날씨다. 꿉꿉한 8월 홍콩의 첫인상과는 사뭇 다른 오늘의 날씨는 지금 이 순간을 더 유쾌하게 만든다.

침사추이에 도착해 하버시티로 걸어가니 여기도 반짝거리는 별 장식이 가득하다. 저녁은 크리스털 제이드에서 먹기로 했는데, 자리가 없어 조금 기다려야 한다고 해 함께 온 전 동료 둘과 사진을 찍으며 시간을 보냈다. 생각해보니 지난 번 여행에서는 딤섬도 먹지 못했다. '장국영의 마지막'을 쫓기에도 시간이 부족해서였을까? 이번 여행에서는 여느 관광객처럼 미드 레블 에스컬레이터도 타고, 딤섬도 먹는다. 쇼핑도 해봐야겠다. 배가 고픈 탓인지 주문한 모든 음식이 맛있다. 말도 하지 않고 음식을 먹어 치웠다.

식사를 마치고 여유로워진 마음으로 '스타의 거리'로 향했다. 스타의 거리는 홍콩을 대표하는 유명 감독과 배우들의 손도장과 사인을 모아 둔 곳이다. 장국영 사망 후 조성돼 장국영 자리에는 이름만 덩그러니 있다고 한다. 시계탑 쪽에서 걷기 시작해 '張國榮(장국영)' 세 글자를 찾으려고 바닥만 보면서 걸었다.

거리가 끝나가도록 그의 이름이 보이지 않아 점점 초조해진다. 그렇게 내 조바심이 정점을 찍을 때쯤 드디어 그의 이름이 눈에 들어온다. 손도장도 자필 사인도 없는 그의 자리는 쓸쓸함 그 자체다. 위치까지 외지다. 그를 전혀 닮지 않은 마담투소 밀랍인형 얼굴과 겹쳐지면서 속상한 마음을 주체할 수가 없다.

　　아무리 그가 떠나고 만든 거리라지만, 명색이 '스타'의 거리인데 장국영 자리를 어떻게 이렇게 초라해 보이게 둘 수 있나 싶어 화가 난다. 분명 그는 수없이 핸드 프린팅 행사에 참여했을 것이다. 내 기억 속에도 한국 타워레코드 매장에서 손도장을 뜨는 그의 모습이 남아있다. 생전 장국영의 손도장을 소장하고 있는 사람을 찾아보기는 한 것인지 거리를 조성한 책임자에게 따져 묻고 싶은 심정이었다. 이곳을 다녀간 사람들이 남긴 여행 후기를 읽어 이렇다는 걸 알고 있었지만, 막상 내 눈으로 확인하니 외로움이 많던 그를 이렇게 방치해 둔 이곳 사람들이 원망스럽기만 하다.

변하는 것, 그리고 사라지는 것
(#아비정전 #이도공간)

　　둘째 날 아침이 밝았다. 일행 중 한 명과 리펄스베이에 가보기로 했다. 풍수지리에 따라 건물 한가운데를 뻥 뚫어 놓은 리펄스베이 맨션이 보이기 시작한다. 버스에서 내려 먼저 바닷가로 간다. 모래사장에 내 이름을 새기고 틴하우 사원 쪽으로 걸어가 보니 바람은 시원하고 서핑을 즐기는 무리도 있다. 바닷물이 꽤 차가워졌을 텐데 전혀 개의치 않는 얼굴이다.

　　틴하우 사원에 잠시 들렀다가 리펄스베이 맨션 아케이드 쪽으로 돌아간다. 영화 <색계>에 나오는 '더 베란다'와 장국영의 단골 레스토랑 스파이시Spices'가 있는 곳이다. 스파이시의 야외 테이블에 앉아서 대표 태국음식인 똠얌꿍과 게 튀김 요리를 시켰다. 태국음식을 먹어 본 적이 없는 내게 똠얌꿍은 시큼함 그 이상도 이하도 아니다. 장국영은 똠얌꿍을 좋아했다는데……. 단맛, 짠맛, 신맛, 매운맛이 들쑥날쑥 입안을 자극하지만, 나는 아직 진정한 풍미를 느끼지 못하나 보다. 세월이 지나면 이 미묘한 맛을 즐길 수 있을까? 함께 주문한 게 튀김 요리로 허기를 달래본다.

　　다음 목적지인 코즈웨이베이로 혼자 길을 나선다. 4년 전 눈물을 뚝뚝 흘리고 만 퓨전에 가보려고 한다. 위니종정 자리에서 영업을 하던 퀸즈 카페는 문을 닫았다. 이번에는 길을 묻지 않고도 능숙하게 퓨전까지 곧장 걸어 갈 수 있었다. 4년이 지났는데 어제 온 길

리펄스베이 맨션 아케이드, 〈스파이시〉 야외 테이블

처럼 익숙하다. 도착했는데, 이곳은 이제 퓨전이 아니다. 4년 전, 더이상 영업을 하지 않던 스탠리즈 프렌치처럼 주방가구를 파는 곳이 됐다. 밖에서 사진으로 모습을 남겨본다. 바뀐 이곳을 보니 또 다시 우울감이 밀려온다.

발길을 돌려 지나쳐온 <아비정전> 속 퀸즈 카페로 간다. 문을 열고 들어서자 <아비정전>에서 나온 공중전화 부스가 가장 먼저 눈에 들어온다. 자리를 잡고 앉아서 메뉴를 확인하고 나서야 이곳이 러시아 음식점임을 알았다. <아비정전>에 세 번이나 등장하는 이곳에 대해 내가 아는 것이라고는 '아비정전 촬영지'라는 것이 유일하다. 점심 식사를 마친 후라 오렌지 스쿼시만 한 잔 주문해본다. '저기 있는 저분은 그를 실제로 본적이 있을 거야.' 나이가 지긋한 종업원을 보며 생각했다. 직접 물어보고 싶은 마음이 굴뚝같지만 차마 입을 떼지 못하고 조용히 음료만 마시고 길을 나섰다(지금은 이곳 퀸즈 카페 마저 문을 닫았다는 소식을 들었다. 이곳만은 같은 모습이 유지되리라 생각했는데, 내 바람일 뿐이었다).

코즈웨이베이를 떠나기 전 마지막으로 타임스퀘어에 들러 마트 구경을 했다. 진열된 칼스버그가 한 눈에 들어온다. 한국에는 수입이 중단돼 칼스버그를 찾기가 쉽지 않다. 한국 라면도 종류별로 진열되어 있다. 오늘 일정이 남아 있어 이것저것 주워 담을 수 없기에 눈으로만 보고 페이지 원Page One 서점으로 이동한다. <이도공간>에서 짐(장국영 분)과 얀(임가흔 분)이 서점에서 데이트하던 장면을 생각하며 둘러보기 시작했다. 『웨딩 플라워』와 홍콩 사진집이 눈에 들어온다. 조금 더 머물고 싶지만 일행을 다시 만나 빅토리아 피크에 가기로 한 시간이 다 돼가 곧 코즈웨이베이를 떠나야 한다.

〈아비정전〉 속 퀸즈 카페 입구

페이지 원은 외국 서적을 파는 곳이다. 이곳에서 장국영은『레슬리 짱의 모든 것レスリーチャンのすべて』이라는 사진집 발매 기념 팬 사인회를 했다. 이 사진집에 실린 사진은 1998년 영화 <유성어> 촬영 기간에 촬영한 것으로, 사진을 찍은 일본인 사진작가는 장국영 사후 이 시기에 장국영과 함께 작업하면서 겪은 이야기를 중심으로『레슬리의 시간』이라는 책을 냈다. 이 책에 <페이지 원>에서 팬 사인회가 열리게 된 일화가 소개돼 있다.

원래 기획 단계에서 이 사진집은 일본에서만 발매하기로 했었다고 한다. 당시 홍콩과 중국에서는 사진집이나 잡지를 거리의 가판대에서 주로 팔았는데, 장국영은 이 사진집이 가판대에서 싸구려로 취급되기를 원하지 않았다. 또 다른 이유는 불법 복제 문제다. 장국영이 이 사진집의 불법 복제판이 생기는 것을 걱정했기 때문에 홍콩에 있는 출판사나 인쇄사에 제작도 인쇄도 맡기지 않았다고 한다. 사진집을 제안한 일본 관계자들은 출판 일정을 고려해 품질을 유지할 수 있는 홍콩 인쇄사를 찾아 볼 것을 검토했지만 "홍콩에서 인쇄하면 정식 버전이 나오기 전에 해적판이 아시아 전 가판대에 깔릴 것"이라고 장국영이 극구 반대했다는 것이다.

하지만 홍콩 판매에 대해 장국영은 중간에 마음을 바꾼다. 사진집을 일본에서만 발행하면 홍콩 팬들이 많이 실망할 것이라며, "어찌 됐든 나는 홍콩 사람인데, 일본에서만 발행하는 것은 좀 그렇지? 아

무래도 여기서도 발행을 해야 할 것 같아"라고 한 것이다. 대안으로 장국영은 사진집을 외국 서적 취급 서점에서만 판매하자고 제안했다. 이렇게 판매가 결정된 서점 중 하나가 페이지 원으로, 이곳에서 사인회도 열기로 했다.

그런데 한 신문사가 사진집을 미리 입수해 일부 사진을 허락 없이 실으면서 인터뷰 내용까지 고의적으로 왜곡 변경하는 일이 생겼다. 이 때문에 장국영은 예정된 홍콩 사인회 자체를 취소하겠다며 다시는 홍콩에서 어떤 활동도 하지 않겠다고 화를 냈다고 한다. 장국영의 지인이 사인회는 팬들을 위한 것인데 언론에 화가 난다고 사인회를 취소하면 불똥이 팬에게 튀어 팬들이 실망할 것이라고 설득해 가까스로 사인회는 그대로 진행했다고 한다. 하지만 장국영은 모든 언론의 사인회장 출입을 허용하지 않았고 인터뷰도 응하지 않았다고 한다.

아쉬운 마음을 접고 빅토리아 피크로 가려고 센트럴역으로 간다. 오늘 하루도 꽤 많이 걸었다. 트램 터미널로 가는 발걸음이 점점 무거워진다. 가까스로 도착해 말없이 트램을 기다렸다. 트램 줄이 생각보다 금방 줄어들어 다행이다. 트램을 타고 산을 오르는데, 가파른 철길을 달리는 트램 안에서 밖을 보니 바깥세상이 피크 정상을 향해 모두 기울어져 있다.

트램 옆으로 집이 보인다. 저 곳에 살고 있는 사람들은 어떤 길로 다닐까 생각하다 보니, 처음 이 가파른 비탈에 철도를 놓은 사람은 어땠을까까지 생각이 거슬러올라간다. 대학 시절 학교 근처 자취방이 떠오른다. 학교도 그랬지만 자취방도 언덕길 꼭대기에 있었다.

오르막을 한참 오르면 그 끝에 내 방이 있었고, 그 집을 지나면 다시 내리막이 시작됐다. 이름부터 고개 현峴자가 들어가는 동네(아현동, 대현동)이니 더 말할 필요도 없다. 굽 높은 구두라도 신은 날이면 거북 걸음으로 비스듬히 걸어 내려와야 했다. 내가 하이힐을 신지 않는 이유는 편한 것을 좋아하는 천성도 있지만 이 시절 영향이 크다. 눈이 오는 날이 많진 않았지만 어쩌다 오면 길이 꽁꽁 얼어붙어 연탄재를 곳곳에 흩뿌려놓았고, 로프까지 등장했다. 지금 생각해도 참 아찔하다. 2년 정도 언덕배기에 살면서 경사길 포비아가 생길 정도였다. 그 후 나는 집을 고를 때 항상 평지인지 아닌지를 가장 먼저 챙긴다. 이곳 태평산 계곡도 '일탈'이 아닌 '일상'이라면 녹록치 않겠지.

피크 타워 3층, 퍼시픽 커피

　트램에서 내려 피크 전망대로 간다. 4년 전에는 없던 홍콩 로컬 커피숍 브랜드 퍼시픽 커피Pacific Coffee가 생겼다. 피크 전망대는 새 단장을 해 '스카이 테라스 428'이라는 이름을 붙이고 입장권을 따로 사야 올라갈 수 있게 됐다. 이를 사전에 알지 못해 테라스 입장이 포함된 표를 사지 못했다. 하지만 이곳 <퍼시픽 커피> 야외 자리에서 보이는 홍콩 섬의 모습도 테라스에서 보는 풍경과 크게 다르지 않아 그냥 여기서 커피를 한 잔 하기로 한다(1년 뒤인 2008년 9월, 한낮 태양 아래서 달라진 피크 전망대에 처음 올라가 보았다. 긴 의자가 있던 중앙 자리에 단을 쌓아올려 더 이상 <성월동화> 속 긴 의자를 볼 수 없게 되었다. 예전 피크 전망대가 그리웠다).

　저녁이 되자 바람이 꽤 불기 시작한다. 한밤의 홍콩 섬 야경도 예

쁘지만, 해가 지기 시작하는 지금 이 시간, 분 단위로 변해가는 하늘색과 하나 둘 불을 밝히는 고층 건물들이 색다른 매력으로 다가온다. 금요일 밤에 가벼운 마음으로 홍콩행 비행기에 몸을 싣고 와 토요일 해질녘에 빅토리아 피크에서 커피 한 잔 마시기가 꿈이 되는 순간이다. 쌀쌀한 듯한 바람도 상쾌하기만 하다.

More About!
피크 트램과 피크 타워

빅토리아 피크는 홍콩 섬에서 가장 높은 태평산 꼭대기다. 19세기에는 홍콩 항구를 드나드는 화물선의 지표 역할을 했는데, 홍콩 부호들이 습하고 무더운 날씨를 피해 상대적으로 시원한 피크로 모이면서 자연스럽게 부호들의 피서지가 되었다. 1868년쯤 총독 리처드 맥도널이 피크에 피서 별장을 짓자 피크로 이사를 오는 부호들이 점점 늘어나 이후 아예 부호나 명사들이 선호하는 동네가 되었다. 이들은 제복을 입은 가마꾼이 드는 가마를 타고 피크로 올라왔다.

한산하던 빅토리아 피크는 피크 트램 건설을 추진하면서 사람으로 붐비기 시작한다. 스코틀랜드 하이랜드 레일웨이 회사 소속 알렉산더 핀들레이 스미스는 1881년 당시 총독에게 홍콩 섬에 트램을 건설하자고 제안했다. 그 중 한 노선이 센트럴 머레이 하우스 남쪽과 태평산 계곡을 연결하는 지금의 피크 트램으로, 이후 피크는 점점 상류층 주거지로 발전했다. 핀들레이 스미스는 피크 지역에 유동인구가 늘어야 피크 트램 이용객이 늘어날 것이라는 생각으로 피크에 호텔을 지었다. 안타깝게도 1873년에 완공된 피크 호텔은 1938년 화재로 소실되었다.

피크까지 가는 대중교통 수단이 생기고 피크를 찾는 사람이 많아지면서 피크에서 바라보는 경관이 황홀하다는 소문이 사람들 사이에 퍼져 해외까지 알려졌고, 지금은 매년 700만 명이 방문하는 홍콩 최고의 명소가 되었다.

최초의 피크 타워는 1971년 건설을 시작해 1972년 8월 29일 처음 대중에게 공개됐다. 이후 1993년 영국 유명 건축가(테리 페렐)가 상점과 오락 시설을 갖춘 복합 쇼핑몰로 피크 타워를 다시 건축하고 1997년 5월 새로운 모습으로 영업을 시작한다. 그러니까 <성월동

영국령 홍콩, 스콘과 밀크 티

홍콩은 중국에 반환된 지 10년이 흘러 비록 그 색이 흐려지고 있지만 100년 넘게 영국령이었기 때문에 영국 문화가 아직 남아 있다. 영국령 나라의 공통점은 차량 진행 방향이 반대여서 횡단보도에 'Look Right' 또는 'Look Left'라는 안내가 있다는 것이다. 홍콩 역시 차량 진행 방향이 우리와 반대다. 내가 처음 접한 영국령 도시가 홍콩이기 때문에 길을 건너면서 항상 긴장하던 기억이 남아 있다. 영국식 영어로 2층을 'first floor'라고 하는데, 이를 잘 몰라 1층에서 2층에 있는 매장을 찾아 헤매던 기억도 있다.

음식 맛없기로 정평이 난 영국에도 대표 음식이 몇 개 있다. 오후에 홍차와 함께 케이크, 샌드위치 등을 곁들이는 애프터눈 티는 영국 차 문화를 대표한다. 한 공작부인이 간단한 다과로 점심과 저녁

사이 공복을 달랜 것에서 시작했다는데, 사실 식사대용이라고 해도 될 만큼 푸짐한 티 푸드를 제공하는 곳도 많다. 내 첫 애프터눈 티는 대학 시절 서울에 있는 한 호텔의 애프터눈 티다. 호기심에 갔다가 티 푸드 양이 적어 실망한 기억이 난다. 그 이후 영국에서 지낼 때 시내Town Centre에 가면 찻집에 종종 들러 스콘과 밀크 티를 가볍게 즐기곤 했다. 마트에서 묶음으로 파는 스콘을 먹고 '이건 무슨 맛으로 먹는 거지?'라고 생각했는데, 이 가게는 클로티드 크림clotted cream이 맛있어서인지, 갓 구운 스콘 온기 때문인지 유난히 맛있었다.

홍콩도 영국처럼 애프터눈 티 문화가 발달해 있다. 3단 트레이에 케이크, 타르트, 샌드위치, 스콘 등이 나오고, 음료는 10여 가지 홍차와 커피 중 선택할 수 있다. 홍콩에서 최초로 애프터눈 티 메뉴를 선보인 곳은 페닌슐라 홍콩의 더 로비로, 지금도 여전히 문전성시

라 예약 없이 방문한 사람들은 한 시간 넘게 기다려야 자리를 잡을 수 있다(단, 투숙객에게는 예약 특전이 주어진다). 첫 홍콩여행 때 장국영의 흔적을 찾아 헤매기에도 시간이 빠듯해 인터콘티넨탈에 머물면서도 로비 라운지 애프터눈 티를 즐기지 못한 것이 아쉽다.

두 번째 홍콩 여행 마지막 날, 카페 랜드마크Café Landmark에서 애프터눈 티 세트를 주문했다. 장국영이 자주 이용하던 카페라고 해서 온 곳인데 이곳 인상을 한 단어로 표현하면 '탁 트인 곳'이다. 천장이 없는 이 원형 카페에 장국영이 앉아 있는 모습을 상상하니 저절로 탄성이 나온다.

누구나 알아볼 수 있는 그가 이토록 완벽히 공개된 공간에서 시간을 보냈다니!

'장국영은 정말 어떤 사람이었을까?'

카페 랜드마크, 겨울(2007년)과 여름(2008)

그가 떠나고 비로소 나는 스타 장국영이 아닌 자연인 장국영이 궁금해졌다. 80년대 최고의 홍콩 아이돌, 미남 배우, 왕가위 또는 첸 카이커의 페르소나라는 수식어만으로는 장국영을 반의 반도 표현하지 못한다는 사실을 뒤늦게 알았다. 그의 죽음 뒤 생전 인터뷰 동영상이나 사적인 지인들의 이야기를 접하면서 장국영이 누구와도 비교할 수 없는 '미담 제조기'이자 인격자였음을 안 후 그는 나에게 '동경'하는 대상을 넘어 '존경'하는 대상이 되었다.

◆ 사랑이 고파 누구라도 사랑할 수 있는 사람

장국영은 2001년 타임 아시아 인터뷰에서 "더 정확히 말하면, 나는 바이섹슈얼이다"라고 말했다. 그리고 자신은 여자를 사랑하는 것도 쉽고, 남자를 사랑하는 것도 쉽다고 했다.

장국영은 부모와 같이 지낸 기간이 얼마 없다. 아버지와는 단 5일 같은 집에 살았다고 말했을 정도로, 대부분의 시간을 유모와 함께 보냈다. 모정에 목말랐던 그는 가수가 되어 방송국에서 월급을 받자 생활비를 아껴 어머니에게 용돈을 드릴 수 있어 기뻤다고 인터뷰했다. 그리고 유명해진 뒤 리펄스베이에 멋진 집을 사서 어머니와 함께 살기 시작했는데 서로가 서로를 불편해하고 대화도 별로 하지 않았다고 한다. 그는 이런 관계를 개선하고 싶어 매일 선물을 사서 가기도 하고, 고급 레스토랑에 함께 가기도 했다는 이야기를 하면서 "애정은 돈으로 살 수 없다는 것을 알았다"고 말했다고 한다(한국에서 이선희와 조인 콘서트를 했던 1989년, 쟈니윤 쇼에 출연했을 때도 그는 쇼핑을 좀 했냐는 질문에 "어머니에게 줄 가방을 샀다"고 말했다).

수많은 이가 그를 사랑했지만 정작 그는 단 한 사람에게만이라도 온전한 사랑을 받고 싶었을지 모른다. 어쩌면 유년시절 부정과 모정에 대한 결핍이 그를 누구라도 사랑할 수 있는 사람으로 만든 것은 아닐까?

◆ 누구에게라도 진심을 다하는 사람

그는 누구에게나 진심을 다하는 사람이었다. 장국영은 내세를 믿지 않고 삶은 오직 한 번뿐이라고 생각했다. 그래서 그는 한 번뿐인 생에서의 만남과 인연을 무엇보다 소중히 여겼다. 그리고 "친구들과의 우정을 소중하게 생각하고, 사귐에 있어서 진심을 다하고 싶다. 그것이 내가 바라는 삶이다"라고 말했다.

장국영은 가사도우미에게도 진심을 다했다. 1989년 은퇴 선언을 하고 캐나다 벤쿠버로 이민가면서 캐나다에서는 홍콩과 달리 가사도우미가 할 일이 많지 않았음에도 당시 가사도우미도 캐나다로 데리고 갔다. 그는 가사도우미에게 공부를 하라고 권하고 학비를 지원해줬다. 그 가사도우미는 학교에서 만난 부유한 남자 친구와 결혼했고, 필리핀 식구들 모두를 캐나다로 초청해 살 수 있게 됐다. 당시 가사도우미는 이후 남편과 함께 장국영을 찾아가 감사 인사를 전했다고 한다.

가사도우미를 대하는 장국영의 태도를 본『레슬리 짱의 모든 것』의 사진작가는 장국영의 태도를 다음과 같이 이야기했다.

"홍콩의 많은 부유한 가정이 필리핀인을 부리지만, 레슬리네 집의 두 필리핀인은 매우 생각이 깊고 언행뿐 아니라 매너도 좋고 사람을 배려하는 마음도 깊어 놀랐다. 하지만 가장 놀란 점은 장국영이 가정부를 대하는 태도다. 필리핀인들은 광동어를 못해서 레슬리는 그들과 항상 영어로 대화했다. 그런데 레슬리가 사용하는 영어가 윗사람과 얘기하고 있는 것처럼 들렸다. 잘 갖추어진 경어로, 듣고 있으면 자기가 부리고 있는 사람과 얘기하는 중이라고 생각할 수 없었다. 레슬리는 영국식 영어를 쓰는데, 발음 뿐 아니라 쓰는 단어도 아름답지만 그래도 친해지면 꽤 격식 없는 표현을 사용하기도 하고 반말로 말하기도 한다. 그런데 가정부에게 이야기할 때는 철저하게 '신사의 영어'를 썼다."

커져만 가는 그에 대한 궁금증을 뒤로 하고 함께 여행 온 언니들과 수다를 떨었다. 센트럴 언덕길을 종일 걷는 코스라면 카페 랜드마크에서 잠시 쉬어가면 딱일 것이다. 겨울, 크리스마스를 맞아 설치한 대형 크리스마스 트리와 장식들이 기억을 더욱 특별하게 만든다. 티 푸드 양도 적지 않아 셋이서 2인 세트를 주문하고 차만 추가했는데 간단한 요기로 충분하다. 트레이 1단에는 미니 케이크, 타르트, 스콘이, 2단에는 샌드위치가, 3단에는 홍콩식 찹쌀 도넛과 딤섬

이 담겨있다. 첫 잔은 홍차 본연의 맛으로 즐기고, 두 번째 잔은 우유와 섞어 밀크 티로 부드러움을 더한다(나는 홍차를 마실 때 거의 이 순서로 마신다). 한가로운 수다와 부드러운 밀크 티로 여행 마지막 날 피로를 풀었다.

이번 여행의 마지막 행선지는 해피밸리
다. 해피밸리는 장국영이 개인적으로 시간을 보낼 때 즐겨 찾던 지
역이다. 딤섬집 '예만방', 일식집 '모정', 그리고 4년 전 갔던 알라바
가 있다. 2003년에는 밥을 먹은 후 알라바에 가려고 이곳에 왔기 때
문에 예만방 딤섬을 맛보지 못해 아쉬웠다. 그래서 이번에는 마지
막 식사를 예만방에서 하기로 하고 일행과 함께 해피밸리에 다시
왔다.

기억을 되살려 해피밸리 트램 종점에 내려 중국은행 쪽으로 거슬
러 올라갔다. 중국은행 모퉁이에서 오른쪽으로 돌아 길을 따라 쭉
올라가기만 하면 된다. 한참을 걸었는데도 예만방이 아직 보이지
않는다. 생각보다 멀어 혹시 지나쳤나 하는 생각이 들 때쯤 드디어
'예만방譽滿坊'이라는 간판이 눈에 들어온다. 안으로 들어가 자리를
잡고 앉았다. 테이블 옆 기둥 위쪽으로 전등 불빛이 고풍스러운 느
낌을 더한다. 이곳은 세련된 퓨전과 사뭇 느낌이 다르다. 그가 자주
올 때는 일주일에 두세 번 이곳에서 식사를 했다고 하니, 음식 맛이
정말 기대된다. 셋이 함께해 이것저것 주문해 볼 수 있어서 좋다. 완
탕국 하나와 그가 좋아했던 새우 딤섬 하카우, 예만방 대표 메
뉴인 새우 샥스핀 딤섬, 그리고 연잎밥을 주문했다. 크리스털 제이
드의 딤섬도 맛있었지만 예만방 딤섬은 말 그대로 고급스러운 맛이
다. 특히 새우 샥스핀 딤섬은 금가루까지 뿌려져 있어 압도적으로

예만방의 새우 딤섬 하카우

시선을 사로잡는다. 국물이 좋아 완탕국을 하나 더 주문해서 깨끗이 비웠다. "잘 먹었다"는 말이 절로 나오는 순간이다(집중해서 먹느라 사진도 제대로 찍지 못했다).

시간을 확인하고 서둘러 알라바로 간다. 다시 이곳에 올 수 있을까…… 싶었는데 4년 만에 올 수 있었다. 문을 열고 안으로 들어가니 변한 점이 없다. 나도 모르게 안도의 한숨이 새어 나온다. 그대로라서 고맙다. 조용히 장국영 노래를 틀어달라고 부탁하니 뮤직비디오를 보여준다. 하지만 음악 감상도 잠시, 노래 부르는 사람이 있어 뮤직비디오 영상이 멈췄다. 이번에도 칼스버그 한 병을 비우고 화

장실로 향했다. 굳게 닫힌 남자 화장실 문이 눈에 들어온다. 누군가가 오기 전에 서둘러 손잡이를 한 번 잡아봤다. 4년 전 어느 날, 그의 손이 닿았을 손잡이다. 가슴이 콩닥거리기 시작했다. 내 심장이 뛰고 있다는 사실을 새삼스레 확인했다. 넉넉히 팁을 챙겨 주고 자리를 정리하고 이곳을 나섰다. 비행기에 타야 하니 조금 여유 있게 공항으로 출발한다.

2007년 홍콩에는 2003년 홍콩에는 없던 스타의 거리가 생겼고, 빅토리아 피크 전망대도 '스카이 테라스 428'이라는 이름과 함께 새로운 모습으로 바뀌었다. 사라진 것도 있다. 코즈웨이베이에 있던 퓨전은 문을 닫았고, 주방가구 매장이 들어섰다.

3일이라는 시간이 꿈처럼 지나갔다. 이제 일상으로 돌아가 새로운 출발을 준비해야 한다. 시간은 또 흐를 것이고, 이곳 홍콩은 그 시간을 내달릴 것이다. 미래의 어느 날, 나는 또 이곳 홍콩 거리 어딘가를 다시 거닐고 있겠지.

3장

1960년 4월 16일 수리진의
1분으로, 2016년 8월

\# 장국영을 닮은 아비, 아비를 닮은 장국영!

거실에 걸려 있는 <해피 투게더> 포스터를 무덤덤하게 스쳐지날 만큼 세월이 흘렀다. 한동안 열정 콘서트 실황을 날마다 봤다. 딸아이가 궁금해하기에 보여줬더니, 재미있다며 <겨울왕국>보듯 콘서트 실황 DVD를 봤기 때문이다.

장국영의 예순 번째 생일이 어느덧 돌아온다. 9월 12일에 맞춰 가면 좋을 텐데, 남들 다 떠나는 8월 첫째 주 휴가철에 홍콩에 가게 됐다. 남편과 휴가 일정을 맞춰야 하기 때문이다. 출발 전부터 땀이 많은 부녀가 걱정이다. 남편에게 약속을 받아냈다.

"많이 힘들 것이다. 홍콩 여름은 덥고 습하다. 짜증내지 마라."

아이와 함께 하는 여름의 홍콩이라 걱정이 앞선다.

이번 여행을 준비하면서 장국영이 출연한 영화 속에 등장하는 곳 중 아직 가보지 못한 곳이 있나 싶어 주성철 기자가 쓴『그 시절, 우리가 사랑했던 장국영』이라는 책을 읽어 보았다. 이 책은 2013년 장국영 사망 10주기에 맞춰 영화 전문 기자가 출간한 것으로, 장국영이 출연한 영화와 그 영화 속에 등장하는 홍콩의 이곳저곳을 소개한다. 집요하리만큼 영화 속 장소를 샅샅이 소개하고 있는 이 책에서 <아비정전>에 등장한 커다란 벽시계 중 하나가 아직 중국은행 주차장 입구에 걸려 있다는 정보를 얻었다.

<아비정전>은 '저주받은 걸작'이라는 수식어가 붙는, 왕가위 감독의 영화다. 화려한 액션 영화를 기대한 한국 관객들이 환불 소동까지 벌였다고 하니 대중의 기대를 철저히 외면한 영화임에 틀림없다. 사랑을 믿지 않는 바람둥이 아비와 그를 사랑하는 여인들을 통해 중국 반환을 앞둔 홍콩의 불안한 미래를 보여준다. 1998년 5월 (내가 고등학교 2학년 때다) 앨범 홍보차 한국에 온 장국영은 한 TV 프로그램 인터뷰에서 자신과 가장 닮은 영화 속 캐릭터로 <아비정전> 속 '아비'를 택했다. 현실의 부조리를 참지 못하는 성격이나 사랑을 어떻게 생각하는지가 닮았다고 말했다.

아비는 사랑을 믿지 않는다. 사이가 좋지 않은 부모님 사이에서 10남매 중 막내로 태어나 유모와 함께 대부분 시간을 보낸 장국영. 그의 유년시절은 생모에게 마지막 순간까지 외면당하는 혼혈아 아비의 마음을 온전히 공감할 수 있을 만큼 외로운 시간이었을 지도 모른다.

그래서일까? "마음이 지쳐 세상을 사랑할 수 없다"는 마지막 말을 남기고 만우절 당일 거짓말처럼 이 세상을 등진 장국영이라는 배우의 인생은 '날다 지치면 바람 속에서 쉬다, 땅에 내려앉는 날은 죽을 때'뿐인 '발 없는 새 아비'의 인생과 참 많이 닮았다.

때때로 그의 마지막을 상상하곤 한다. 내 상상 속 그는 세상에서 가장 슬픈 눈빛으로 꽃다운 웃음을 지으며 나지막한 목소리로 "感情所困 無心戀世(마음이 지쳐 세상을 사랑할 수 없다)"라고 말하고, 영원히 자유로울 휴식을 향해 내달린다. 다시는 날아오를 수 없다는 것을 알면서도……

그래! 이번 여행에는 1960년 4월 16일 세 시, 아비와 수리진의 영원한 1분으로 가보자.

More About!
<아비정전>

아비(장국영 분)는 체육관 매점에서 일하는 수리진(장만옥 분)에게 이름을 묻지만 그녀는 알려주지 않는다. 아비는 그런 수리진에게 "오늘 밤 꿈에 날 보게 될 것"이라고 말하고 사라진다. 다음 날 다시 매점을 찾은 아비에게 수리진이 어젯밤 꿈에 당신을 본적이 없다고 말하자, 아비는 무심한 듯 말한다. "물론이지, 한숨도 못 잤을 테니. 내일 다시 보자." 이렇게 수리진은 바람둥이 아비의 낚싯밥을 덥석 문다. 그리고 장국영이 아니었다면 손과 발이 오글거렸을 명대사,

명장면이 시작된다.

"내 시계 좀 봐요."
"왜요?"
"그냥 1분만요."
"시간 다 됐어요."
"오늘이 며칠이죠?"
"16일요."
"16일, 4월 16일, 1960년 4월 16일 세 시 1분 전 당신과 여기 같이 있었고, 당신 덕분에 난 항상 이 순간을 기억하겠군요. 이제 우리는 (1분) 친구예요. 이건 당신이 부인할 수 없는 엄연한 사실이죠. 이미 지나간 과거니까. 내일 또 오죠."

이렇게 수리진은 아비와 연인이 돼 매일 그와 시간을 함께 보낸다. 어느 날 수리진은 곧 사촌이 결혼해 지낼 곳이 없다며 아비의 집에서 함께 지내고 싶다고 말한다. 아비는 그러라고 하지만 아버지에게 아비를 소개하고 싶다는 수리진의 말에 왜 그래야 하냐고 대꾸한다. 수리진은 아비에게 자신과 결혼할 것인지 묻고, 아비는 짧고 명료하게 "안한다"고 대답하고는 헝클어진 머리를 정리한다. 수리진은 "다시는 여기 오지 않겠다"고 하고 아비의 집을 떠난다.
아비는 엄마가 어린 남자친구 때문에 술에 취해 힘들어하는 모습을 보고 그를 찾아가 흠씬 패주고 그에게서 엄마의 귀걸이를 되찾는다. 이곳에 있던 미미(유가령 분)는 아비가 거울 앞에 두고 간 귀걸이를 대보는데, 다시 돌아온 아비를 보고 당황해 귀걸이를 숨긴다. 아비는 미미의 짐에서 귀걸이를 찾아내고는 마음에 들면 가지라며 한쪽만 던져준다. 왜 하나뿐이냐고 미미가 말하자 아비는 밑에서 기다리겠다며 나머지 한 짝을 흔들어 보인다. 물론 미미는 아비를 따라나선다. 아비의 집까지 간 미미는 잠깐만 들르겠다며 아비의 방으로 올라와 여자를 자주 데려오는지 물어보면서 집안을 살핀다. 아비는 이제 그만 가보겠다고 말하는 미미의 코를 막으며 얼마나 버티는지 보자고 한다. 미미가 숨을 쉬려고 입술을 떼는 순간 그는 미미에게 키스한다. 이렇게 미미는 아비의 새로운 연인이 된다.

퀸즈카페에서 친구(장학우, 미미에게 한 눈에 반한다), 미미와 함께 시간을 보내던 아비를 찾아온 아비의 엄마는 남자친구를 때린 아비를 질책하며 원하는 것이 뭐냐고 물어본다. 아비는 친어머니가 어디에 있는지 알려달라고 하지만 그녀는 쉽게 말해주지 않는다(영화에서 처음으로 퀸즈카페가 등장하는 장면이다. 이 장면에서 관객은 엄마가 생모가 아님을 알게 되면서 아비가 왜 바람둥이가 됐는지, 그리고 왜 이리도 권태로운지 깨닫는다).

한편 아비를 잊지 못하고 그의 집 앞을 서성이는 수리진. 경찰(유덕화)은 아비의 집에 올라가 밑에서 여자가 기다리니 가보는 게 좋겠다고 전한다. 아비는 수리진에게 왜 왔는지 묻고, 수리진은 물건을 가지러 왔다는 핑계를 대다 결국 같이 지내고 싶다고 말한다. 아비는 이런 수리진에게 자신은 독신주의자라며, 자신에게 집착하면 그녀가 불행해질 뿐이라고 외면한다. 자신을 사랑한 적 있냐고 묻는 수리진에게 "여자가 셀 수 없이 많아 누굴 사랑했는지 모른다"

고 대답한다. 그렇지만 수리진은 아비의 집 앞을 서성이는 것을 멈추지 못하다 경찰과 다시 마주친다. 수리진은 철저히 타인인 경찰에게 아비를 잊지 못하는 자신을 고백하고 도움을 청한다(중국은 행 주차장 입구에서 수리진이 경찰에게 찾아가 "순간이란 정말 짧을 줄 알았는데, 때로는 길수도 있다"라고 말하는 장면을 찍었다). 경찰은 얘기할 사람이 필요하면 언제든지 전화하라고 수리진에게 말하고, 매일 같은 시간 전화 부스 앞에서 기다리지만 끝내 전화는 울리지 않는다.

아비의 엄마는 아비에게 새로 만난 사람과 미국으로 떠날 테니 같이 가자고 하지만, 아비는 거절한다. 결국 그녀는 아비의 친엄마가 있는 곳을 아비에게 알려준다. 아비는 친구(장학우)에게 친엄마를 찾아 필리핀으로 간다며 자기 차를 주고, 친구는 미미에게 아비가 필리핀으로 떠났다는 사실을 알리고 아비의 차를 팔아 마련한 돈을 미미에게 준다.

필리핀에 있는 생모는 끝내 아비를 만나주지 않고, 아비는 자신도 얼굴을 보여주지 않겠다며 그 집을 성큼성큼 걸어 나온다(그리고 감독은 아비의 생모가 아비가 어른이 될 때까지 매달 양엄마에게 돈을 보냈다는 사실을 관객에게 알려준다).

선원이 된 경찰은 필리핀 차이나타운에서 술에 취한 아비를 우연히 보고 자신이 묵는 여관으로 데리고 온다. 가짜 여권을 구하면서 돈을 주지 않아 쫓기는 신세가 된 아비는 경찰과 함께 기차에 오른다. 하지만 곧 그를 쫓아온 누군가에게 총을 맞고, 경찰과 대화를 나누며 기차 안에서 죽음을 맞이한다.

"작년 4월 16일에 뭐했는지 기억하나?"

"그 여자가 말하던가?"

"벌써 잊었나 보군."

"난 꼭 기억해야 할 일만 기억하지. 당신들 둘 자주 만났어?"

"아주 잠깐 동안. 직업 바꾼 후론 만나지 못했지. 당신은?"

"나? 아니. 그 여자가 또 무슨 이야기를 했지?"

"다른 말은 안 했어. 그녀를 사랑해? 우린 그저 친구야."

"그녀를 다시 만나면 내가 전부 잊었다고 전해. 그게 서로에게 좋아."

"나도 다시 볼지 못 볼지 몰라. 본다 해도 아마 날 기억 못 할 거야."

미미는 필리핀에서 아비를 찾아 헤맨다. 수리진은 뒤늦게 경찰에게 전화해보지만, 그는 받지 않는다. 그리고 양조위가 등장해 머리를 손질하는 장면으로 영화는 끝난다(<아비정전>을 만들 때 왕가위는 2편 제작을 염두에 두어 두고 마지막 장면에 양조위를 등장시켰지만, 영화의 흥행 실패로 결국 2편은 제작되지 않았다고 한다).

장국영이 속옷 차림으로 맘보를 추는 장면은 <아비정전>을 보지 않은 사람도 다 알 정도로 유명하다. 이 장면에서 아비의 '발 없는 새' 내레이션이 처음 나온다. 아비는 죽음을 맞이하는 기차 안에서도 발 없는 새 이야기를 꺼낸다. 감독은 아비 스스로가 그 발 없는 새임을 강조하고 싶었던 것 같다. <아비정전>은 장국영을 진정한 연기자로 거듭나게 하는 전환점이 된 작품이긴 하지만, 캐릭터에 지나치게 몰입하는 장국영에게 비극적 인생을 살게 만들었다는 점에서 자주 보기 힘든 작품이다(장국영은 이 영화로 1991년 제10회 홍콩금상장영화제 최우수 남우주연상을 수상한다). 그렇지만 '아비'를 빼놓고 장국영을 기억할 수는 없는 노릇. 나에게 <아비정전> 속 아비는 애증의 존재다.

가수 장국영, 오빠와 할아버지 사이

지난 네 번의 여행에서는 아침 비행기를 탔는데 이번에는 저녁에 출발하는 밤 비행기를 탄다. 덕분에 홍콩 착륙 전 비행기에서부터 반짝이는 도시 불빛이 나를 맞이한다. 기압차에 약한 딸이 귀가 아프다고 야단이다. 도착이 늦어 공항철도가 끊겼기 때문에 A21번 공항버스를 타고 숙소로 간다. 딸은 평소라면 단잠을 잘 시간이라 멍하다. 몽콕 나단로드NATHAN ROAD를 지나 호텔에서 가장 가까운 정거장인 홍콩과학관 근처에 내려 지도를 따라 숙소 앞까지 걸어갔다. 역시 홍콩의 여름은 습하다. 자정이 다 됐지만 손가락 마디 끝까지 감싸는 더운 바람이 까닭 없는 짜증을 부른다. 전형적인 여름날의 꿉꿉함이 홍콩에 왔음을 자각하게 한다.

속옷 차림으로 하비에르 쿠가Xavier Cugat의 'Maria Elena'에 맞춰 맘보를 추는 아비, 나른한 눈빛으로 체육관 매점을 지키는 수리진, 그리고 천장에서 도는 선풍기까지……. 홍콩의 여름은 나에게 영화 <아비정전> 속 스틸컷으로 각인돼 있다.

버스에서 내려 10분 정도 걸어 도착한 호텔은 홍함역과 홍함 체육관의 훤히 내려다보이는 아이콘 호텔Icon Hotel의 시티뷰 방이다. 홍함 체육관은 가수 장국영에게 특별한 장소다.

가수 장국영은 이곳 홍함 체육관에서 수차례 콘서트(중국어로는 연창회演唱會라고 한다)를 열었다. 그는 한국에 배우로 먼저 알려졌지만 사실 가수로 데뷔했고, 배우로서 명성을 얻기 전부터 홍콩 최고 가수 중 하나였다. 어린 시절 장국영 팬카페에서 콘서트를 가봤다는 글과 직접 찍은 사진을 보면서 한참을 부러워하던 기억이 난다. 그렇기에 홍함 체육관은 지난 네 번의 여행에서 가보지 못한 곳이자 마음 한구석에 아쉬움으로 남아있는 곳이다.

More About!
싱어송 라이터 장국영

장국영은 가수로서 최고 전성기인 1989년 돌연 은퇴를 선언하고 1만2천석 규모의 홍함 체육관에서 고별 콘서트를 총 33회 했는데, 표가 전회 매진됐다. 은퇴 선언 전 이미 월드 투어를 마친 상황을 고려하면 당시 그의 인기가 얼마나 대단했는지 짐작할 수 있다.

장국영은 이후 영화에만 출연하다가 1995년에 자신이 출연한 영화의 OST를 모아 만든 '총애' 앨범으로 복귀하는데, 이 앨범은 한국에서만 20만장이 팔렸다. 1997년 과월 콘서트는 홍함 체육관에서 시작해(총 24회) 일본, 중국, 대만은 물론 캐나다, 미국, 영국, 호주까지 이어졌다. 그리고 그의 마지막 열정 콘서트는 2000년에 시작해 2001년에 막을 내리는데 홍콩, 일본, 중국, 캐나다, 미국 공연을 마치고도 앙코르 공연 요청이 쇄도해 홍콩과 일본에서 앙코르 공연까지 열렸다.

장국영이 누구인지 잘 알지 못하는 세대에게 장국영을 한 마디로 소개하는 것은 쉬운 일이 아니다. '한국의 누구' 또는 '미국의 누구' 같다고 말하려고 곰곰이 생각해봐도 비슷한 이가 딱히 없다. 꽃미남, 청량미라는 말이 1980년대에도 있었다면 아마 그에게 붙는 수식어가 됐을 것이다. 잘생긴 아이돌 출신이라는 이유로 저평가된 연기력, 신들린 연기력에 가려진 작곡가로서의 탁월함. 글로 설명하자면 이 정도다. '종합 예술인'이랄까? 좀 더 구체적으로 비유를 하자면 박보검 또는 송중기 같은 단정한 외모를 지닌 아이돌 출신 연기자인데 날이 갈수록 연기력이 일취월장해 종국에는 송강호급 배우가 된다. 뿐만 아니라 영화 OST에 직접 참여해 곡도 쓰고 노래도 부른다. 콘서트에서는 싸이나 박진영급 퍼포먼스를 보여준다.

가수로 선 무대 위 그의 모습은 무엇을 상상하든 그 이상이다. 시대를 초월하는 파격적인 의상과 전위적인 퍼포먼스, 그리고 관객을 들었다 놓았다 하는 타고난 무대 매너. 97년 과월 콘서트와 2000년 열정 콘서트 실황을 처음 보았을 때의 느낌은 충격 그 자체였다. 과월 콘서트에서 '투정'이라는 노래를 부를 때가 매우 인상적인데 검은색 가운 안에 속옷만 입은 그가 무대 밑에서 올라오는 강풍기 바람을 맞으며 관중을 홀린다. 마치 마를린 먼로처럼……. 그러고는 가운을 살짝 열어 가슴에 새긴 타투를 슬쩍 보여준다. 무대 위 스피

커로 추정되는 장치 위에 한쪽 다리를 올리고 자신의 허벅지를 쓰다듬기도 한다. 그가 아니면 대체 누가 이런 퍼포먼스를 할 수 있단 말인가? 열정 콘서트 중에는 노래를 마치고 의자에 앉아 이야기하다가 섹시하다고 외치는 관중을 향해 농염한 눈빛으로 이렇게 말한다.

"섹시하다고? 항상 이런데 뭐. 이 정도는 보통이잖아."

또한 콘서트 내내 발라드, 록, 댄스장르를 오가며 그야말로 전천후 무대를 보여준다. 배우가 노래를 부를 때의 시너지를 극단적으로 보여주는 무대가 바로 그의 콘서트라고 할 수 있다.

장국영은 직접 노래를 지었고, 작곡상도 수차례 수상했다. 초기에는 작사 작업에 참여하다가 작곡에 자신감이 생긴 뒤에는 주로 작곡을 했다. 우리가 흔히 아는 그의 노래로는 '투유' 초콜릿 광고에서 나온 'TO YOU'가 있다. 이 곡의 영어 버전은 장국영이 직접 작사했다. 광고주가 CM송을 장국영이 직접 불러주면 좋겠는데 영어 가사면 더 좋겠다고 말하자, 즉석에서 만들었다고 한다.

열정 콘서트로 중국을 순회하면서 촬영한 사진집 『경』에는 그가 쓴 글들이 실려 있다. 그중 붉은 갓을 쓴 스탠드와 함께 실린 글이 인상적이다.

"등을 밝혔을 때도 붉고, 등을 꺼도 붉다! 亮著燈的時候 是紅的；關上燈的時候, 亦是紅的! 분명하다. 내가 가리키는 것은 내 마음이다! 향한 것은 네 마음이다! 沒錯, 我所指是我的心! 向著你的心!"

　　장국영 콘서트 실황 DVD를 보면서 자란 딸은 DVD를 보면서 저기가 어디냐고 자주 물어보곤 했다. 나는 딸을 위해 침사추이와 조금 떨어져 있지만 홍함 체육관이 내려다보이는 이곳 아이콘 호텔을 골랐다. 숙소에 도착해 방으로 안내받자마자 커튼을 열어 창밖을 봤다. 창밖으로 보이는 체육관을 손끝으로 가리키며 딸에게 말했다.

　　"저기가 장국영 오빠 콘서트한 곳이야."

아침, 숙소에서 바라 본 홍함 체육관

"엄마, 나 저기 가보고 싶다."

"여기서 다 보이잖아."

"안에 들어가 보고 싶어. 시간 되면 우리 저기 가보자."

"그래…… 갈 수 있으면 가보자."

그렇게 홍함 체육관과 주변 야경을 두 눈에 담은 채로 잠자리에 든다. 다음날 아침, 새벽에 내린 비로 하늘이 맑지 않다. 뿌연 하늘 아래 지난 밤보다 선명하게 홍함 체육관이 눈에 들어온다.

딸은 네 살부터 <해피 투게더> 포스터 속 보영(장국영 분)과 콘서트 실황 속 가수 장국영을 보고 자랐다. 딸에게 그는 언제나 오빠다. '장국영 오빠'. 내 딸에게 '장국영 오빠'는 고유명사다. 내 지인들은 딸 입에서 장국영 오빠라는 말이 나와도 '이' 장국영이 '그' 장국영일 거라고 생각하지 못한다. 네다섯 살 꼬마의 '장국영 오빠'를 듣고 1956년생 홍콩 배우 장국영을 떠올리는 편이 더 이상한 것 같기도 하다. 옆에서 내가 '이' 장국영이 '그' 장국영임을 알려주면 다음 반응은 거의 동일하다.

"장국영 오빠가 아니라 할아버지지!"

내 어머니가 1952년생이시니 1956년생인 장국영을 부르는 호칭은 할아버지가 더 정확하겠지. 하지만 장국영의 시간은 2003년 4월 1일에 멈춰 있고, 그를 향한 내 마음의 시계 역시 그렇다. 이제 나는 장국영과 딱 열 살 차이다.

딸과 함께한 홍콩 여행 제1코스,
디즈니랜드 불꽃놀이

한국을 떠나기 전, 남편과 일정을 이야
기하면서 아이와 함께니 디즈니랜드를 한 번 가보기로 했다. 남편
은 내게 홍콩이 어떤 의미인지 잘 알기에 디즈니랜드는 아이와 둘이
갈 테니 그동안 자유롭게 즐기라고 했다. 하지만 막상 홍콩에 도착
하니 디즈니랜드까지 가는 길이 막막했는지 함께 가주길 바라는 눈
치다. 원래 계획대로라면 침사추이역에서 남편과 아이를 보내고 보
복산(팬을 위해 장국영 위패를 모신 곳)에 가야 한다. 하지만 식구끼리 첫
해외여행이니 디즈니랜드에서 함께 시간을 보내기로 마음먹었다.
엄마라는 역할이 생기니 포기해야 할 것이 많아진다.

여행을 다니면서 예정된 일정이 틀어지는 일은 비일비재하지만 보복산은 지난 홍콩여행에서 가보지 못한 장국영 성지여서 아쉬움이 크다. 오늘 못 가면 이번 여행에서도 들를 짬을 내기가 어려울 것이다. 이렇게 다시 한 번 홍콩을 갈 동기가 생기는 걸까? 이스트 침사추이역에서 지하철을 타고 두 번 환승해서 갈아탄 디즈니 전용선은 창문과 손잡이가 미키 마우스 얼굴 모양이다.

종착역에서 내려 디즈니랜드로 입장해 기념품 가게로 간다. 어른 눈에도 갖고 싶은 것이 수두룩한데 아이 마음은 어떨까? 갑자기 쏟아지는 비를 피해 한동안 기념품 가게에 머물다 보니 허기가 진다.

가까운 레스토랑에서 점심을 간단히 해결하고 디즈니 영화 시작 장면에 등장하는 성을 지났다.

미니 마우스 탈을 쓴 사람과 사진을 찍으려는 줄이 길다. 딸아이도 그냥 지나칠 리 없어 오랜 시간 기다려 사진을 찍었다. 퍼레이드가 시작하자 아이는 아빠 목마를 탄 채로 시야에서

퍼레이드

라이언킹 공연

사라졌다가 한참 만에 돌아왔다. 라이언킹 공연, 디즈니 캐릭터가 주인공인 3D 영화, 불꽃놀이까지 보고 나니 어느새 열 시가 다 돼간다.

딸은 아빠 목마 위에서 터지는 폭죽을 보며 "아빠, 이거 디즈니 만화 시작할 때 나오는 거지? 나 본 적 있어!"라고 말했다. 그렇게 딸에게 홍콩에서의 첫 기억은 디즈니성 불꽃놀이로 각인됐다. 나에게 홍콩은 장국영의 성지인데, 딸과 함께 하니 제1코스가 디즈니랜드가 되었다.

초록빛 바다 스탠리, 무궁화 꽃이 피었습니다

침사추이 인터콘티넨탈 홍콩 앞에서 스탠리행 973번 버스를 탔다. 2층 맨 앞자리는 누군가가 이미 차지해 바로 뒷자리에 앉았다. 캔톤 로드Canton Road를 경유해서 가는 모양이다.

스탠리에 13년 만에 다시 간다. '스탠리즈 프렌치'는 지금 어떤 모습일까? 멀미가 심한 딸은 구불구불한 길을 통과하는 2층 버스가 힘든지 가는 내내 칭얼거린다. 버스에서 내리고 싶어 하는 딸을 위해 리펄스베이에 들렀다가 스탠리에 가기로 여정을 바꾼다. 리펄스베이 버스 정류장에서 내려 바닷가로 가는 계단 쪽으로 가니 단체 관광객을 풀어 놓는 전세버스가 즐비하다. 공중 화장실을 청소하는

아주머니는 짜증이 묻어나는 표정을 짓고 알아들을 수 없는 광동어로 투덜거리고 있다. "왜 이렇게 화장실을 더럽게 써? 청소를 해도 해도 끝이 없네"라고 말하는 것 같다. 그 아주머니의 마음에 어쩐지 공감이 간다. 중국에서 온 관광객을 잔뜩 실어 나르는 버스를 보면 마치 홍콩이 중국에 점령당한 것 같은 기분마저 든다. 중국 땅을 뺏은 쪽은 영국이고, 약속대로 영토를 반환한 것뿐이다. 지금 내가 이곳에서 느끼는 불쾌함은 불필요한 기분일지도 모른다. 그저 2003년 기억 속 홍콩을 그대로 간직하고 싶은 부질없는 욕심이겠지······.

시간은 나도 바뀌게 만들었다. 뭘 먹고 싶냐는 질문에 명쾌한 대답을 하지 못할 만큼 우유부단해졌고, 뷔페에서 본전을 뽑을 수 없을 만큼 소화기능이 나빠지기 시작했다. 나에게 온전히 의지하는 존재(딸)가 부담이 아닌 행복일 수 있음을, 그리고 듣는 이에 대한 애정 없는 충고는 상처가 될 뿐임을 아는 나이가 되었다. 여러 번 홍콩에 왔지만, 아이와 함께하는 이번 여행이 전과 다르게 느껴지는 이유도 이 때문일 것이다.

바닷가에 도착하니 여름철이라 그런지 해상 구조대가 자리를 지키고 있다. 2007년 11월에 처음 본 리펄스베이의 인상은 한적함이었다. 서핑을 즐기는 사람들과 한가로이 일광욕을 하는 동네 주민, 그리고 적당히 상쾌한 바닷바람. 하지만 오늘은 30분 뒤에 전세버스로 돌아가야 할 단체 관광객과 타는 듯한 한여름 태양이 나를 숨막히게 한다.

바다가 보이자 딸은 바로 기분이 좋아졌다. 바닷물에 발을 담그더니 더 깊은 바다 쪽으로 들어가 파도에 속옷과 치마가 다 젖어 버

리펄스베이 모래사장

피자 익스프레스에서

렸다. 폴라로이드로 즉석사진을 몇 장 찍었다. 여벌옷을 챙기지 않은 탓에 젖은 옷을 그대로 입은 딸아이를 데리고 다시 스탠리행 버스를 탔다.

스탠리에 2003년에는 없던 쇼핑센터가 생겼나 보다. 버스 안내방송은 여기가 스탠리 플라자Stanley Plaza라고 안내한다. 남편은 내게 여기서 내려야 하지 않냐고 물어봤지만 내 기억이 맞는다면 좀 더 가야 한다. 한 정거장 후에 내려 스탠리 마켓Stanley Market을 지나 스탠리즈 프렌치가 있던 스탠리 메인 거리에 들어선다. 스탠리즈 프렌치 자리는 이제 홍콩 피자 브랜드 피자 익스프레스Pizza Express가 됐다. 딸이 피자를 먹고 싶다고 하고, 업종은 달라졌지만 이 자리에서 식사를 해보는 것도 나쁘지 않아 보여 안으로 들어갔다. 2층은 아직

멀리 보이는 블레이크 선착장

영업 준비 중이라 1층에서 먹어야 하는 점이 아쉽긴 했다. 배가 고팠던 우리는 주문한 음식을 남김없이 먹어 치웠다.

식사를 마치고 머레이 하우스Murray House 쪽으로 걸었다. 메인 거리 끝쯤에서 스탠리 플라자가 다시 보이기 시작한다(나중에 여행 책자를 보니 스탠리 플라자는 2004년 4월에 생겼다고 한다). 머레이 하우스를 지나 블레이크 선착장Black Pier at Stanley까지 산책을 했다. 이곳 역시 2003년 여름에는 보지 못한 곳이다. 머레이 하우스처럼 처음에는 센트럴에 건설했으나 1965년에 모스 공원Morse Park으로 옮기고, 2006년에 다시 이곳으로 이전했다고 한다.

딸은 이곳이 마음에 드는지 "엄마, '초록빛 바닷물' 노래처럼 정말 바다 색깔이 초록색이네"라고 말하고 그 노래를 부르며 신나게 뛰어다닌다. 동해 바다만 본 딸에게는 파란색이 아니라 초록색인 이곳 스탠리의 물빛이 신기한가 보다. 그늘진 지붕 아래에서 사진을 몇 장 찍고, 딸과 함께 '무궁화 꽃이 피었습니다' 놀이를 몇 번 하고 침사추이로 돌아가려고 발길을 돌렸다.

2003년, 나는 스탠리즈 프렌치가 폐업했다는 사실만으로 울적한 마음을 추스를 길이 없었다. 13년이 지나 다시 온 스탠리 바닷가는 풍경 자체가 변했다. 시간이 2003년의 홍콩을 그대로 둘 리 없다.

버스를 타기 전 스탠리 플라자 안에 있는 마트에 들렀다. 해외여행을 가면 마트에 가 보는 것이 내 일정 중 하나가 됐다. 다양한 초밥을 싼 가격에 포장판매 하고 있다. 내가 좋아하는 버터 가득한 소프트 브레드, 워커스Walkers, 연유가 가득 든 초콜릿, 몰티저스Maltesers, 장국영이 즐겨 마시던 맥주 칼스버그Carlsberg, 딸을 위한 키

블레이크 선착장에서 보이는 머래이 하우스

스탠리 플라자 어귀

티 라면, 자른 망고와 딸기를 챙겨 계산대로 간다.

계산을 마치고 침사추이행 973 버스에 몸을 실었다. 딸은 버스를 타자마자 잠이 들었다. 피곤했던 모양이다. 30분 이상 차를 타면 멀미를 하는 통에 차라리 잠든 편이 다행이다 싶다. 이제 침사추이에 도착했다. 호텔로 가는 셔틀버스를 타려고 나단로드 끝 횡단보도에 섰다. 호텔 야외 수영장에서 잠시 놀다가 심포니 오브 라이트 Symphony of Light를 보러 다시 나와야겠다.

두 번의 저녁 식사, 심포니 오브 라이트

　　　　　　수영장에서 잠시 휴식을 취하고 다시 침 사추이로 간다. 가는 길에 현지인들이 좋아한다는 국수 가게에서 저녁을 먹기로 했다. 가게 입구에 들어서자 딸아이는 냄새가 별로 라며 불평이다. 역시 국수가 입에 맞지 않은 딸은 먹는 둥 마는 둥 했 다. 새로운 음식은 입에 가져가지도 않는 딸 때문에 이번 여행에는 식당 고르기가 쉽지 않다. 기억을 더듬어 보니 배낭여행으로 처음 중국에 간 2002년, 언니의 추천으로 아침에 국수를 먹었는데 향이 아주 강해 몇 젓가락 뜨지 못하고 식사를 마친 적이 있다. 스물 둘에 도 그랬으니 여섯 살 아이가 지금 보이는 반응은 놀라울 것이 없다.

　식당을 나와 다시 걷기 시작했다. 홍콩문화센터에 도착해 델리 앤드 와인Deli and Wine에서 닭고기와 밥이 함께 나오는 음식을 주문해 딸에게 먹였다. 남편은 굳이 저녁을 다시 챙겨 먹이는 내 행동이 못 마땅한가 보다. 하지만 딸을 계속 굶기기 안쓰러운 마음에 눈총을 받아도 어쩔 수 없다. 딸이 조금이라도 밥을 먹으니 마음이 놓인다. 사실, 아이가 없던 시절 이해가지 않는 엄마들의 행동 중 첫 번째가 이것이었다. 한 끼 굶는다고 어떻게 되는 것도 아닌데, 큰일 난 듯 안 절부절하는 모습이 호들갑스럽다고 생각했다. 그런데 막상 내가 엄 마가 되니 반찬 투정을 하면 한 끼쯤 굶으라고 머리로는 생각하지 만 행동은 이미 다른 간식거리를 아이에게 주고 있다. 오늘도 그냥 넘어가기는 실패다.

관람차가 생긴 홍콩 섬 야경

시계탑 쪽에서 심포니 오브 라이트Symphony of Lights가 시작되기를 기다린다. 붉은 닻을 올린 유람선이 가까이에 있다. 심포니 오브 라이트를 본 딸의 반응은 그리 좋지 않다. 시시하다고 했다. 그래서 그런지 홍콩 섬 야경을 배경으로 사진을 찍는 동안 유모차에서 내려오지 않는다.

More About!
심포니 오브 라이트[1]

빅토리아 하버에서 보는 스카이라인 자체도 환상적이지만 매일 밤 펼쳐지는 화려한 레이저쇼 '심포니 오브 라이트'도 놓치지 말아야

할 뷰포인트다. 매일 밤 여덟 시부터 약 13분 정도 빅토리아 하버 양쪽에 위치한 40개가 넘는 건물에서 멋진 레이저쇼가 펼쳐진다.

'세계 최대 규모의 상설 라이트 & 사운드 쇼'로 기네스북에 오른 심포니 오브 라이트 쇼는 형형색색의 조명과 레이저 빔, 서치라이트 등 화려한 볼거리와 함께 홍콩의 다양성, 정신, 에너지 등을 이야기하는 내레이션과 음악을 제공한다. 이 쇼는 다섯 개의 메인 테마(어웨이크닝, 에너지, 헤리티지, 파트너십, 그리고 셀러브레이션)로 진행된다.

홍콩문화센터 주변 침사추이 해변과 완차이 골든 보히니아 광장에서 음악과 라이브 내레이션을 들을 수 있다(라이브 내레이션은 3개 국어로 지원된다. 월요일, 수요일, 금요일에는 영어로 나오고 화요일, 목요일, 토요일은 북경어로 나온다. 일요일은 광동어로 진행된다. 라디오 주파수 103.4 MHz [영어], FM 106.8 MHz[광동어], FM 107.9 MHz[북경어]를 맞춰 음악과 내레이션을 들을 수도 있다).

◆ 좋은 관람 위치
• 침사추이 프롬나드, 홍콩문화센터 앞 : 이스트 침사추이 MTR역 6번 출구, 이정표를 따라 도보 5분.
• 완차이 골든 보히니아 광장 : 완차이 MTR역, A5 출구, 이정표를 따라 홍콩컨벤션센터 방향으로 공중회랑을 따라가면 있다.
• 빅토리아 하버 유람선 위

1 : http://www.discoverhongkong.com/kr/ 홍콩관광청 홈페이지 참조

캔톤 로드 쪽으로 나가 허유산 망고 주스를 사서 딸아이 기분을 달래본다. 달달한 망고 주스라 좋아할 줄 알았는데 기대만큼 많이 마시지 않는다. 이제 숙소로 돌아가기로 하고 걷다가 비첸향Bee Cheng Hiang에 들러 육포를 산다. 생각보다 많이 샀다. 내일이 마지막 날인데 비행기 타기 전에 다 먹을 수 있을지 모르겠다. 그 사이 아이는 잠들었고, 걷다 보니 어느새 숙소다. 욕조에 물을 받아 몸을 담그니 노곤해지면서 졸음이 밀려온다.

아빠 장국영, 이조락을 만나다
(#금지옥엽, #유성어)

　　　　　　　호텔에서 간단히 아침을 해결하고 짐을 챙겨 구룡 페리 선착장에서 센트럴행 페리를 탔다. 홍콩 섬에 조금씩 가까워지고 있다. 처음 이 페리를 탔을 때는 만다린 오리엔탈에서 눈을 떼지 못했다. 여전히 그의 죽음이 꿈 같았던 그때, 페리가 홍콩 섬에 가까워질수록 내 심장은 요동쳤다. 10년도 더 지나버린 세월 탓일까, 오늘은 마지막 홍콩 여행 때는 보지 못한 관람차가 먼저 눈에 들어온다(홍콩 페리스 휠은 2014년 12월에 영업을 시작했다).

　　센트럴 페리 터미널에서 공중회랑을 따라 걸었다. 꼬여버린 항공권 문제로 얼리 체크인을 할 수 없는 상황이라 IFC몰에 있는 유료 보관소에 짐을 맡기고 남은 하루 일정을 보내려 한다. 짐을 맡기

고 오늘 첫 번째 목적지인 가스등 계단으로 간다. 주성철 기자 책에 영화 <금지옥엽>에서 샘(장국영)이 '트위스트 앤 샤우트Twist and shout'를 신나게 부르는 장면 뒤에 등장하는 계단이 홍콩 센트럴에 위치한 더들 스트리트Duddell Street라고 나와있다. 꽤 여러 번 홍콩에 왔고 센트럴 이곳저곳을 오갔지만, <금지옥엽>에 등장하는 가스등 계단이 이 근처라는 사실은 몰랐다. 미드 레이블 에스컬레이터를 타고 할리우드 스트리트를 걷거나 소호 또는 란콰이펑에서 밥을 먹는 패턴이었기 때문에 더들 스트리트 쪽으로 우연히 갈 기회조차 없었다.

더운 날씨 탓에 딸은 기분이 좋지 않다. 더위도 피할 겸 랜드마크 내부를 가로질러가니 시원하고 좋다며 건물 밖으로 나가지 않겠다고 한다. 나는 조금만 더 가면 장국영 오빠가 영화를 찍은 곳이 있다고 아이를 달랬다. 역시 밖은 덥다. 길을 건너 더들 스트리트 어귀로 접어드니 가스등과 계단이 눈에 들어온다. 계단을 오르기 전 이곳을 카메라에 담았다. 100년이 넘은 이 계단을 얼마나 많은 사람들이 오르내렸을까? 그리고 그들은 다 어디로 갔을까?

남편과 딸은 이미 계단을 올라 스타벅스 문 앞까지 갔다. 나도 뒤따라 계단을 올라 스타벅스로 들어선다. 이곳 스타벅스는 50년대 홍콩식 카페인 빙셧^{冰室, Bing shutt}을 재현해 놓은 콘셉트 스토어다(빙셧은 동양 전통과 서양 현대 스타일의 퓨전 카페 정도로 이해하면 된다). 입구 쪽은 세계 어디를 가도 볼 수 있는 전형적인 스타벅스 특유의 인테리어지만 안쪽은 빙셧 스타일로 꾸며놓았다. 조금 촌스러운 더들 스트리트 스타벅스에서 의도치 않게 60년대 홍콩을 본다.

'아비에게 버림받은 수리진이 경찰에게 조금 일찍 전화했다면, 경찰이 조금 늦게 선원이 돼 떠났다면, 수리진과 경찰은 빙셧에 들러 함께 차를 마실 수 있지 않았을까?'

그래, 어긋나지 않은 시간은 왕가위답지 못하다. 입구 쪽 벽에 걸린 더들 스트리트의 옛 사진 역시 시간을 과거 홍콩으로 돌려놓는

더들 스트리트, 스타벅스 내부

다. 이른 시간이라 그런지 한적하기까지 한 이곳에서 잠시 더위를 식히고 다시 길을 나섰다.

가스등 계단을 올라 오른쪽으로 언덕길^{Ice House Street}을 조금 걷다 보니 프린지 클럽^{Fringe Club}이 보인다. 프린지 클럽을 오른쪽에 끼고 돌아 다시 아래로 향한다. 덥다며 유모차에 앉아 있는 딸아이를 데리고 좁은 계단 길을 내려오는 남편의 등은 이미 땀범벅이다.

퀸즈 로드 센트럴과 만나는 곳에서 더 원 빌딩이 있는 왼쪽으로 내려가 미드 레이블 에스컬레이터를 타고 할리우드 로드에서 내렸다. 더운 날씨에 유독 힘들어하는 딸 때문에 밖을 걸어 다니기가 힘들다. 이른 점심을 먹기로 하고 플라잉 팬^{Flying Pan}으로 간다. 그래! 홍콩 여름 날씨가 이랬지. 다행히 자리가 있어 바로 주문했지만 많이 시키지도 않았는데 다 먹지 못할 만큼 입맛이 없다. 밖으로 나갈 엄두가 나지 않지만 마지막 날이고, 가야할 곳도 많다. 조금 더 힘내보자.

다시 거리로 나왔다. <유성어>의 주인공 이조락(장국영)의 집이 있는 미룬 스트리트^{meelun Street}까지 힘을 내 걸었다. 혼자 계단을 내려가 영화 속 이조락의 옥탑방이 있는 건물 앞에 섰다. 딸은 귀찮은 듯 유모차에 앉아 꼼짝도 하지 않고 계단 아래를 내려다보고 있다. 나는 반대로 건물 위 옥상을 올려다본다.

장국영은 <유성어>에서 다섯 살 꼬마의 아버지로 나온다. 이조락은 빗속에 버려진 아기를 발견해 이 아이를 데려다 키운다. 잘나가는 펀드 매니저였지만 주가폭락으로 모든 재산을 날려 허름한 건

〈유성어〉 속 옥탑방이 있는 건물

물 옥탑방에서 아이를 4년 동안 키운다. 변변한 돈벌이가 없어 풍족하게 먹이고 입힐 수는 없었지만, 넘치는 사랑으로 이조락과 아명(아들, 엽단람 분)은 늘 행복하다. 한편 아명의 생모 소군은 성공한 이후 아이를 버린 죄책감을 씻고자 아이들을 위한 자선사업을 하다 이조락과 아명을 만난다. 물론 그녀는 아명이 자신이 버린 아이임을 꿈에도 알지 못한다. 어느 날 이조락이 일을 보러 외출한 사이 혼자 집 근처에서 시간을 보내던 아명이 사고를 당할 뻔한다. 아명이 걱정스러웠던 이웃 하나가 행정관청에 이조락을 불법 입양으로 신고하고, 소군은 이조락의 옥탑방에서 아명을 버릴 때 쓴 자신의 편지를 우연히 발견하고 아명이 자기 아이라는 사실을 알게 된다. 결국 아명은 생모 소군과 함께 이조락을 떠난다.

이조락은 장국영의 필모그래피 중 이례적인 캐릭터다. 가난뱅이 이조락은 허름한 옷차림으로 영화 내내 얼굴에 덥수룩한 수염을 기른 채로 등장한다. 그리고 부성애를 보여준다. 이렇게 지극히 평범한 아빠의 모습이 장국영과 어울리지 않는다고 생각하는 사람도 있을지 모른다. 하지만 내게 <유성어>는 아빠 장국영을 상상해 볼 수 있다는 것만으로도 충분히 가치 있는 영화다. 아명을 보는 이조락의 다정하고 따뜻한 눈빛을 보면 누구라도 아명이 부러울 수밖에 없다.

<유성어>를 좋아하는 까닭이 하나 더 있다. 홍콩의 바닷가, 공원, 골목골목이 영화 내내 등장하기 때문이다. 소호와 만나는 할리우드 로드에서 성완 쪽으로 걸어가면 영화 속에 등장한 곳들을 지나칠 수 있다. 이렇게 영화 속 거리를 거닐다 보면 어느새 나는 이조락의 이웃이 된다.

다시 현실로 돌아가자, 계단 위에는 내 아이가 나를 기다리고 있다.

중국은행 벽시계, 아비와의 1분
(#아비정전)

피크 트램 대기 시간을 줄여 보려고 낮

시간에 빅토리아 피크를 다녀왔건만. 작전 실패다. 상행과 하행 모두 한 시간 가까이 기다려 트램을 탔다. 어제 밤 실수로 너무 많이 산 육포가 없었다면 기다리는 시간이 더 지루했을 것이다. 피크 트램 터미널에서 중국은행까지 걸어내려오는 발걸음이 천근만근이다.

한 여름, 아이 데리고 홍콩 섬 걸어 다니기는 할 일이 못 된다. 남편과 아이는 지칠 대로 지쳤나 보다. 다행히 아이는 유모차에서 잠이 들었다. <아비정전>에 등장한 벽시계를 보러 중국은행 주차장 입구로 가야 한다. 나에게만 의미 있는 이 일에 남편을 끌고 가는 게 미안해져 남편에게 차터 가든Charter Garden에서 기다려달라고 말하고 혼자 길을 나섰다.

트램이 지나다니는 길을 건너야 중국은행 주차장 입구 쪽으로

갈 수 있다. 홍콩 섬을 동서로 가로질러 달리는 트램을 보니 여기가
홍콩이라는 사실이 다시 실감난다.

　중국은행 앞이다. 골목 안쪽으로 조금 더 걸어가 주차장 입구에
도착했지만 경비원이 서 있어 그냥 지나쳤다. 맞은편으로 건너가
다시 주차장 쪽을 바라본다. 책에 소개된 대로다. 검정색의 커다랗
고 동그란 벽시계가 아직 이곳에 있다. 수리진이 일하는 매점에 찾
아가 딱 1분만 같이 봐 달라던 그 시계……. 이미 과거가 돼버린, 나
와 함께한 1분을 부정할 수 없다던 아비가 지금, 여기, 나를, 그 초점
없는 눈빛으로 바라보고 있는 것만 같은 착각. 그렇게 나는 1960년
4월 16일 오후 세 시로 가 수리진이 되어 1분을 보냈다. 장국영이 연
기한 캐릭터 중 내가 가장 가엽다고 생각하는 아비의 공허함이 내
몸을 휘감아 돌더니 유유히 떠나간다. 쉽게 잊힐 1분일 줄 알았지만

실제로는 영원했던 1분을 아비와 보낸 수리진처럼 나도 아비, 장국영의 환영을 맞이한다.

차터 가든 쪽으로 돌아가 남편과 함께 완차이행 트램을 탔다. 어디서 뭘 먹을까 고민하다 홍콩이 처음인 남편에게 딤섬을 한 번 맛보게 하고 싶어 완차이에 있는 '딤딤섬點點心'에 가보기로 한다. 저녁 시간이라 그런지 트램에 사람이 많아 서있을 자리도 좁다. 어느새 딤딤섬 근처 트램 정거장에 다 왔다. 트램에서 내려 식당으로 걸어간다. 만두를 좋아하는 딸이지만 향이 나는 야채가 들어 있는 딤섬을 먹고는 얼굴을 찌푸렸다.

트램에서 촬영한 딤딤섬 입구

저녁밥을 다 먹고 홍콩컨벤션센터 쪽으로 걸었다. 골든 보히니아 광장에서 야경을 볼 생각이다(<유성어>에서 이조락이 옛 동료와 함께 와인을 마시는 장소도 여기다). 침사추이만큼 사람이 붐비지 않아 여유롭다. 완차이에서 홍콩 야경을 보는 것은 이번이 처음이다. 고개를 들어 센트럴 쪽 하늘을 보니 초승달이 선명하다. 어느새 심포니 오프 라이트 공연도 시작이다. 공항으로 가야 할 시간이 점점 다가오고 있다.

홍콩역으로 돌아가려고 컨벤션센터 안쪽으로 들어갔다. 발이 아파 조금 쉬어 가고 싶은 마음에 잠시 앉아 시간을 보낸다. 오늘 하루는 강행군이었다(피크 트램을 기다리는 시간이 내게는 가장 힘든 순간이었다. 시간이 갈수록 트램을 기다리는 줄이 길어지는 듯하다. 다음에는 버스를 타고 빅토리아 피크에 가야겠다). 돌이켜보면 홍콩 여행의 마지막 날은 언제나 그랬다. 언제 다시 올 수 있을지 모른다는 생각에 다음에는 사라져 버리고 없을 지도 모르는 장국영의 흔적을 한 곳이라도 더, 한 걸음이라도 더 담아내려 애썼다.

이번 여행은 아이와 함께라 신경 쓸 일도 많았고 포기한 것도 있었다. 미식 천국 홍콩의 진면목을 아이와 나누지 못해 조금 아쉽지만, 그래도 참 잘 따라 준 딸에게 고맙다. 큰 탈 없이 여행이 끝나가고 있다.

홍콩, 장국영을 그리는 창

성완과 소호

4장
영원미려 장국영,
너는 나의 봄, 2017년 4월

혼자 떠나는 여행, 처음 맞는 홍콩의 봄

이번에는 기일에 맞춰 떠난다.
이때 홍콩에 가는 것은 처음이다. 10주기인 2013년, 60세 생일 해인
2016년 모두 홍콩에 갔지만, 4월 1일과 9월 12일을 조금씩 빗겨나
갔다. 일부러 피하지도 굳이 맞추지도 않았다. 어쩌면 홍콩 어디에
선가 그가 숨 쉬고 있을 것 같다는 환상을 깨고 싶지 않았기 때문에
그의 죽음을 두 눈으로 실감할 수 있는 기일과 생일을 무의식적으
로 피했을 수도 있다. 2017년에 드디어 용기를 내 4월 1일, 만우절인
그의 기일에 홍콩에 머물기로 결심한 이유는 2003년부터 이어져온
장국영 흔적 찾기 여행에 쉼표를 찍기 위해서다.

강산이 변한 지 오래다. 스마트폰에 지도앱 하나만 있으면 종이

지도는 필요 없다. 벌써 여섯 번째 홍콩 여행이라 두꺼운 안내책도 필요 없다. 손바닥만 한 메모장을 사서 가고 싶은 곳의 사진을 붙이고, 일정을 짠다. 이 메모장 하나에 여행에 필요한 모든 정보를 정리했다.

혼자 홍콩 여행을 떠나는 것은 이번이 두 번째다. 지난 몇 달간 회사에서 쌓인 화를 풀고 싶어 혼자만의 여행을 준비했다. 2008년, 새로운 일에 필요한 자격시험을 치르고 결과 발표를 기다리는 동안 10일 정도 싱가포르와 홍콩을 여행한 적이 있다. 그때가 첫 홀로 해외여행이었다. 조금 외롭기는 했지만 또 그런 온전한 외로움이 좋았고, 낯선 사람과 이야기를 나눌 기회는 혼자 떠난 여행에서 더 많이 찾아왔다.

작년 8월에도 홍콩에 갔지만 남편과 아이를 챙기느라 여행 그 자체만으로 누릴 수 있는 일상 탈출을 만끽하지 못해서인지 1년도 채 되지 않아 같은 곳으로 떠나는데도 한 달을 내내 설레며 준비 중이다. 역시 여행은 준비하는 순간이 가장 행복하다. 첫 날은 페닌슐라에서 묵을 생각이다. 더 로비 애프터눈 티 예약도 끝냈고, 회원제 식당인 중국회도 컨시어지 서비스를 통해 예약했다. 드디어 떠날 준비가 끝났다. 봄날 홍콩을 만날 생각에 마음이 들뜬다.

빅토리아 항구

봄비와 애프터눈 티, 새벽이여 오지마라
(#천녀유혼)

       3월 31일. 아홉 시 50분 비행기인데 출발
이 조금 늦었다. 기장은 홍콩에 곧 닿는다는 안내 방송을 하면서 홍
콩에 비가 온다며 날씨를 전해 준다. 비 오는 하늘로 나를 맞는 홍콩
은 이번이 처음이다. 정해진 시간보다 한 시간 반이 늦었다. 서둘러
공항을 빠져 나와 공항철도를 탔다. 비 내리는 바닷가를 지나 어느
새 구룡역이다. 역시 나는 '홍콩 is 뭔들'인가 보다. 호텔과 역을 연결

하는 버스 안에서 비 오는 빅토리아 항을 카메라에 담아 본다. 봄비를 품은 창 밖 홍콩이 나를 사로잡는다.

페닌슐라에 내렸다. 두 시쯤 체크인하겠다고 연락했는데 세 시 30분이 훌쩍 넘었다. 프론트 데스크에서 체크인을 하면서 예약해 둔 더 로비 이용 시간을 바꿀 수 있는지 물어보니 다행히 네 시로 바꿀 수 있다고 한다. 잠시 방으로 올라가 짐을 두고 내려오기로 하고 방에 들어서는 순간 '와! 페닌슐라는 페닌슐라구나!'라는 생각이 든다. 깔끔하게 정리한 어메니티와 웰컴 푸드가 눈에 들어온다.

드디어 더 로비다. 자리에 앉아서 보니 고풍스러운 아름다움이 더 크게 다가온다. 애프터눈 티 1인 세트를 주문했다. 차는 '페닌슐라 브렉퍼스트'로 골랐다. 차가 먼저 나오고 티 푸드를 기다리는 동안 2층 테라스에서 현악기로 연주하는 라이브 음악을 들었다. <미녀와 야수> 주제가에서 <겨울왕국>으로 이어진다. 겨울왕국 연주는 플루트 소리도 들린다. 순간이지만 내가 19세기 영국 귀족이라도 된 것 같은 기분이다. 인터콘티넨탈 로비 라운지만큼 화려한 전망이 있지는 않았지만 페닌슐라 만의 고풍스러운 장식과 분위기는 한 시간 넘게 줄 서는 고생을 기꺼이 할 만큼 충분히 가치가 있다.

'테이블 위에 있는 꽃은 아이리스인가' 생각하고 있는데 3단 트레이가 등장했다. 스콘을 접시로 옮겨 자르고 클로티드 크림과 딸기잼을 발라 입으로 가져간다. 비행기를 타기 전 맥모닝으로 아침밥을 먹고 여덟 시간 만에 음식이 입으로 들어가는 순간이다. 따뜻한 스콘과 클로티드 크림이 한 몸이 돼 입 안에서 사르르 녹아내린다.

'그래, 이 맛이야.'

영국에서 먹던 스콘과 같은 맛을 얼마 만에 느끼는 건지. 감동스럽다. 순식간에 스콘 하나를 다 먹어치우고 샌드위치를 먹었다. 세 가지 색깔 빵으로 만든 연어 샌드위치를 먹고 이제 오이 샌드위치 차례다. 빵 사이에 얇게 자른 오이 한 조각이 끼어 있을 뿐인데 특유한 오이 향이 입안 가득 퍼지면서 산뜻한 맛이 난다. 햄이 가득한 바게트 샌드위치는 내 입에는 조금 짜다. 양상추가 더 많이 들었으면 좋겠다. 구운 마늘이 올라간 시금치 미니 타르트와 먹기 아까울 정도로 예쁜 모양을 한 달달한 디저트까지 먹고 나니 어느새 배가 부르다.

그 사이 두 번째 연주 시간이 됐다. '트라이 투 리멤버Try to remember'가 은은하게 울려 퍼진다. <첨밀밀>속 여명과 장만옥이 머릿속을 스치면서 여명의 목소리까지 음성 지원되는 듯하다. 직원에게 사진을 한 장 찍어달라고 부탁했는데 3단 트레이에 초점을 두고 찍어줬다. 이것도 추억이다 생각하니 웃음만 나온다.

2013년에는 인터콘티넨탈 로비 라운지에서 애프터눈 티를 즐겼다. 고층 건물이 즐비한 홍콩 섬과 빅토리아 항을 내다보며 차를 마실 수 있다는 점이 로비 라운지의 매력이다. 해가 지는 시간까지 머물 수 있다면 백만 불짜리 홍콩 야경까지 편한 소파에 기대 앉아 볼 수 있는 호사를 누릴 수 있다. 로비 라운지는 도시다운 세련됨을, 더 로비는 예스러움과 품위가 있어 어느 쪽이 더 낫다고 비교하기가 쉽지 않다. 다만 더 로비에서 만든 스콘에 더 높은 점수를 주고 싶

다.

애프터눈 티를 마시고 수영하기가 원래 계획이었는데 비행기 연착으로 수영은 내일 아침으로 미뤄야겠다. 방으로 올라가 편한 신발로 갈아 신고 하버시티로 향했다. 하버시티에 있는 페이지 원 서점에서 책을 좀 사고, '세라 비'에서 늦은 저녁을 먹으려고 했는데 배가 불러 저녁은 포기해야겠다. 1층 안내 데스크에서 지도를 받아 들고 페이지 원 위치를 확인하는데, 내가 못 찾는 건가? 페이지 원이 보이지 않는다. 일단 시티 슈퍼city super에 가서 물과 워커스를 사고 나오는 길에 또 다른 안내 데스크에 페이지 원이 어디냐고 물어봤다. 직원이 페이지 원은 문을 닫았단다.

결국 하버시티에 온 목적을 하나도 이루지 못하고 실버코드新港中心에 있는 H&M 매장에 갔다. 이곳 H&M은 홍콩에서 제일 크고 어

갓 구워낸, 온기를 품은 스콘

왼쪽부터 햄 샌드위치, 오이 샌드위치, 연어 샌드위치, 시금치 타르트

디저트

2013년에 갔던 인터콘티넨탈 로비 라운지의 해질녘 풍경

린이웃이 다양한 곳이다. 딸에게 줄 봄옷을 몇 벌 사서 다시 호텔로 간다. 한 것도 없는데 아홉 시가 훌쩍 넘었다. 오늘 밤은 페닌슐라 28층 펠릭스Felix에서 홍콩 섬 야경을 보면서 마무리할 생각이다.

객실 엘리베이터에서 내려 펠릭스 전용 엘리베이터를 타고 28층에 내리니 문 앞에 직원이 식사를 할 것인지 확인한다. 나는 가볍게 한 잔 할 것이라고 답했다. 직원은 아메리칸 바로 가는 오른쪽 계단으로 나를 안내한다. 계단을 올라 창가에 자리를 잡고 앉았다. 쇼비뇽 블랑 화이트 와인을 한 잔 주문하니 소금에 절인 올리브, 팝콘, 견과류가 함께 나온다. 블라인드 사이로 홍콩 섬 야경이 펼쳐진다. 언제 봐도 사람을 황홀하게 만드는 정경이다.

지금 이 순간을 눈으로만 기억하기 아쉬워 셀피를 찍으려는데 손님 중 하나가 사진을 찍어주겠다고 나선다. 아마 이탈리안인 것 같다. 기꺼이 호의를 받아 들여 사진기 앞에서 조금 어색한 표정으로 찍힐 준비를 하는데, 그런 나를 보고 있던 또 다른 손님이 끼어들었다.

"사진을 찍는데 웃어야지. 왜 안 웃니?"

이 말 덕분에 사진 속에는 의도치 않게 지나치게 활짝 웃는 얼굴을 한 내가 있다. 지나가는 직원에게 오늘 밤 블라인드를 올릴 것인지 물어봤다. 날이 흐려 올리지 않는다고 한다.

조금 아쉬운 마음으로 와인 한 잔을 비우고 방으로 돌아가기로 했다. 엘리베이터에 타기 전, 화장실에 잠시 들렀다. 수건을 챙겨 주는 직원이 웃으며 나를 맞았다. 2003년 카페 데코 화장실에서 처음

이런 사람을 봤을 때는 적지 않게 당황했는데, 이제는 익숙해졌는지 자연스럽게 가벼운 인사를 나눈다. 세면대 창밖에 펼쳐진 홍콩 섬 정경이 내 두 눈을 사로잡는다. 여기는 다행히 블라인드가 없다.

방으로 돌아왔다. 쉽게 잠들지 못하고 유튜브에서 장국영 노래를 찾았다. 따뜻한 물에 몸을 담그면 잠이 올까 하는 마음에 욕조에 물을 채운다. 기다리는 동안 시티 슈퍼에서 산 칼스버그를 따 방에 있던 와인 잔에 따랐다.

물속에 몸을 담그고 <천녀유혼> 주제가 두 곡을 차례로 들었다. 영화의 주요 장면을 편집한 동영상이다. 엽천문이 부른 '여명불요래黎明不要來(새벽이여 오지마라)'가 영채신(장국영 분)이 섭소천(왕조현 분)의 영혼이 사라져 버리는 것이 두려워 온 몸으로 아침볕을 막아

호텔 방에서 칼스버그 한 잔

내는 장면으로 끝났다. 어느덧 자정이 넘어 4월 1일이 됐다. 새벽이 여 오지 마라……. 지금 내 마음도 그렇다.

More About!
<천녀유혼>

섭소천은 남자를 유혹해 나무요괴에게 바치는 귀신이다(1년 전 소천이 길에서 살해당해 아버지가 나무 밑에 그녀를 묻었는데, 알고 보니 그 나무는 요괴였다). 영채신은 돈을 수금하는 일을 하는 서생인데, 비를 만나는 바람에 장부에 적힌 글자가 번져 수금을 하지 못하게 됐다. 장터에서 영채신은 돈 없어도 묵을 만한 곳이 있는지 물어보고, 장의사는 난약사에 가보라고 한다.

난약사에 귀신이 나타난다는 사실을 알지 못하는 영채신은 하룻밤 묵으러 난약사로 가고, 가야금과 노래 소리에 이끌려 소천과 마주친다. 소천은 나무귀신에게 바치려고 그를 유혹하지만, 순수하고 착한 영채신은 유혹에 넘어가지 않는다. 같은 날 밤, 영채신은 난약사에서 연적하(우마)를 만나는데, 날이 밝아 마을로 돌아간 영채신은 연적하를 닮은 현상수배범 그림을 보고 연적하가 살인마라고 오해하고 소천에게 위험하다고 말해주러 난약사로 돌아온다.

영채신은 소천이 귀신이라는 사실을 전혀 알지 못한 채 연적하에게 쫓기는 상황에서 소천을 보호하려고 연적하를 따돌리겠다고 말하고, 소천은 이런 영채신에게 사랑을 느낀다. 둘은 애틋한 사랑을 나눈다.

소천의 동생은 소천이 사람을 보호하고 있음을 눈치 채고 영채신을 쫓지만, 연적하가 나타나 동생을 없애 영채신은 목숨을 구한다. 하지만 연적하가 사람을 죽였다고 오해한 영채신은 관아에 가서 연적하를 살인죄로 고발하고, 이 과정에서 뒤늦게 소천이 귀신이라는 사실을 알게 된다. 영채신은 재를 고향 땅에 묻으면 환생할 수 있다며 이를 부탁하는 소천을 위해 무덤을 파고 납골함(항아리)을 찾아내 난약사를 떠난다.

고향 땅에 돌아가기 전 마지막으로 납골함에서 나온 소천은 영채신과 작별인사를 나누려고 하지만, 방 문틈 사이로 들어오는 아침햇빛을 온 몸으로 막고 있는 영채신은 끝내 그녀의 마지막 얼굴을 보지 못하고 이별을 맞는다.

<천녀유혼>속 두 주인공은 말 그대로 만화를 찢고 나온 듯 아름답다. 장국영은 가장 힘들게 촬영한 영화 중 하나로 <천녀유혼>을 꼽으면서도 영채신이 자신의 영화 속 캐릭터 중 가장 사랑스럽다고 말하기도 했다. 영화 자체의 재미나 완성도도 두말 할 것 없이 훌륭하지만, 1987년의 장국영과 왕조현의 얼굴을 볼 수 있다는 것 자체가 이 영화가 가진 최고의 가치가 아닐까?

거짓말 같은 하루,
4월 1일 스타 가든과 만다린 오리엔탈

　　　　　　　　　　　　알람 시간보다 일찍 자리에서 일어났다. 일어나면서부터 어떻게 움직일지 고민이다. 매니저 진숙분이 팬을 위해 그의 위패를 모신 보복산과 장국영의 누이가 개인적으로 그의 위패를 모신 동연각원 중 어디로 갈지 아직 결정하지 못했다. 한국에서는 보복산에 가봐야겠다고 생각했는데, 지금은 동연각원이 더 끌린다. 수영하면서 좀 더 생각을 해봐야겠다.

　　수영장에 들어서니 홍콩 섬이 인터콘티넨탈 로비 라운지에서만큼 잘 보인다. 맞은편에 한참 공사 중인 건물이 있다. 저 건물을 다 지으면 뷰가 어떻게 변할지 모르겠다. 해질녘 접이문이 개방된 순간에 이곳에서 수영하면 최고의 전망을 볼 수 있을 듯하다. 일곱 시

수영장 내부

를 조금 넘긴 시간이라 그런지 내가 첫 손님이다. 직원이 차 한 잔과 물수건을 가져다준다. 잠시 뒤 커플이 들어온다. 자, 이제 수영을 해보자. 풀 안으로 들어가니 생각보다 물이 깊다. 가슴 깊이 풀에만 익숙한 나는 목 밑까지 차오르는 물 높이가 부담스러워 쉬지 않고 계속 수영했다. 이 넓은 수영장에 단 세 사람만 있다. 수영으로 시간을 보내기에 홍콩은 볼 것도 할 것도 많은 도시이긴 하다.

수영을 마치고 방으로 돌아왔다. 어디를 가든 그에게 줄 편지를 써야겠다. 무슨 말을 할까 생각하다 그의 영어 가사 중 오늘 내가 그에게 전하고 싶은 말을 정리해봤다. 편지를 쓰고 짐을 싸니 열한 시가 넘었다. 일단 체크아웃을 하고 스타의 거리 쪽으로 가야 한다. 작년 8월, 스타의 거리 어귀는 공사 중이라 막혀 있었는데 지금은 어떤지 확인해야겠다. 짐은 컨시어지에 맡기고 호텔 정문을 나와 길을 건넜다. 스타의 거리 어귀는 여전히 공사로 막혀 있다. 어제와 달리 날씨가 좋다. 햇빛이 부서지는 바다를 보니 기분이 좋아진다.

점심시간이 다 됐으니 청킹맨션 '랑퐁위웬'에 가서 일단 밥을 먹어야겠다. 왔던 길을 되돌아 나왔다. 그런데 이정표에 쓰인 '스타 가든'이라는 글자가 눈에 들어온다. 이쪽 어귀는 막았지만 갈 수 있는 길이 있는 걸까? 이정표를 따라가다 보니 인터콘티넨탈과 공사 현장을 지나 침사추이 프롬나드 쪽으로 꽤 올라왔다. 육교를 올라가니 드디어 '스타 가든'이라는 표시가 보인다. 스타의 거리는 역시 막아놓았다.

'아, 스타의 거리는 폐쇄했지만 대체할 무언가를 조성해놨다는 거구나.'

스타 가든이라는 곳에 첫 발을 내딛었다. 육교 끝에는 매염방 기념 전시회 안내판이 있다. 스타의 거리와 마찬가지로 이곳에도 홍콩의 유명 감독과 배우들의 손도장과 사인이 있다. 빠르게 장국영의 이름을 찾았다.

여명 손도장에 내 손을 대본다. 내 손보다 마디 두 개 정도가 크다. 장국영, 그의 손도장이 있었다면 그것도 이렇게 클까? 반대편 뒤로 장국영, 주윤발, 유덕화가 나란히 자리를 잡고 있다. 오늘은 4월 1일, 만우절. 분명 그의 기일인데 이곳의 장국영 자리에는 사람도, 편지도, 꽃다발도 없다. 스타 가든 전체가 한적하기만 하다. 모두 그

를 잊어버리기로 약속이라도 한 것일까? 휑한 그의 자리가 내게는
만우절 거짓말 같다. 만다린 오리엔탈에 가 봐야 알 수 있겠지.

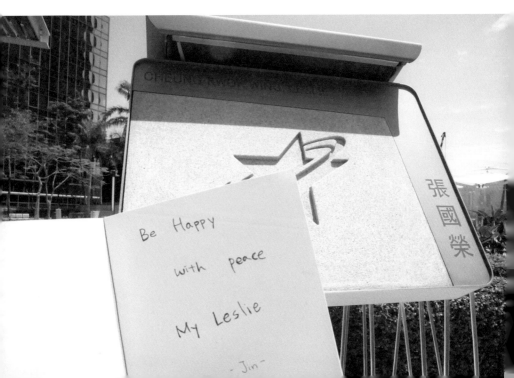

스타의 거리에 들어 갈 수 없다는 안내문

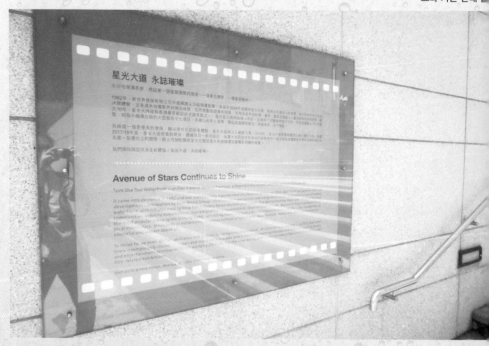

왼쪽부터 주윤발, 장국영, 유덕화, 임달화의 사인과 손도장

청킹맨션에 도착해 세 번째 출입구 지하로 내려가 랑퐁위엔을 거우 찾아냈다. 미드 레이블 에스컬레이터 근처 게이지 스트리트Gage Street에는 랑퐁위엔 1호점이 있다. 1952년에 생겼다고 하니 장국영이 태어난 해보다도 4년 전에 문을 연 곳이다. 혼자라 오래 기다리지 않고 자리를 잡고 앉을 수 있었다. 이곳 사장이 알란탐의 열성 팬인지 벽에 온통 알란탐 사진이 붙어 있다. 얼마 지나지 않아 20대 초반으로 보이는 젊은 친구들이 앉은 테이블에서 오늘이 장국영이 죽은 날이라는 말이 들려온다. 웃으면서 말이다. 그 말을 웃으면서 할 수 있다니. 그의 죽음 때문에 느끼는 슬픔은, 그의 부재를 부정하고 싶은 마음은 오직 나만의 것이란 말인가? 낯선 홍콩 젊은이들이 야속하다.

More About!
장국영과 알란탐

장국영과 알란탐은 80년대 중후반 홍콩 가요계의 최대 경쟁자다. 이 때문에 알란탐과 장국영 팬들 간의 적대감이 점점 심해졌다. 결국 알란탐은 1988년 모든 가요 시상식에 참석하지 않겠다고 공식 발표했고, 장국영은 1989년 가요계 은퇴를 선언했다. 당시 장국영은 팬들 간의 극심한 다툼을 보면서 연예계 생활에 염증을 느꼈다고 한다.

청킹맨션 지하 랑퐁위엔

식사를 마치고 페닌슐라로 돌아가 맡겨 둔 짐을 찾아 나왔다. 두 번째 숙소로 가려고 MTR을 타고 노스포인트역에서 내렸다.

'하버 플라자 노스포인트 호텔은 C번 출구 쪽인데, 왜 출구가 없지?'

지나가는 사람에게 물어보니 잘못 왔단다. 이런! 세 번째 가는 것인데 또 착각했다. 한 정거장 다음인 쿼리베이역에 내려야 했는데 말이다. 다시 MTR을 타고 쿼리베이역 C번 출구로 나와 익숙한 길을 따라 호텔 쪽으로 걸었다. 횡단보도에 서서 한 번 더 놀랐다. 이 호텔 옆에 홍콩 빈의관(장국영의 장례식 장소)이 있었다니. 내일은 빈의관 앞쪽으로 한 번 가봐야겠다. 세 시가 조금 넘어 호텔 체크인 줄도 길다.

'동연각원, 오늘은 못 가겠구나.'

센트럴로 가려고 다시 길을 나섰다. 완차이 타이 위엔 스트리트 Tai Yuen Street에 잠시 들러 그에게 바칠 장미꽃을 몇 송이 사고 지인에게 줄 기념품도 골랐다. 워청폰 숍 가까이에 있는 정거장 쪽으로 가 트램을 타고 중국 은행 앞에서 내렸다. 한 블록 가로질러 걸으면 만다린 오리엔탈이다. 4월 1일이면 해마다 팬들을 위해 추모 공간을 제공한다는 호텔. 그런데 막상 내 눈으로 보니 그냥 꽃 두기를 허용하는 수준이다. 경찰차가 한 대 서 있고, 팬들이 보낸, 혹은 두고 간 크고 작은 화환과 꽃다발이 보인다. 순간 깊은 숙연함과 동시에 가슴이 조여온다. 머리가 아픈 것은 백합 향 때문일지 모른다. 사진으로만 본 추모하는 모습이 실재하고 있음을 내 눈으로 확인해버려서일까? 믿고 싶지 않았지만 믿어야 했던 그의 부재가 잘 참아온 내 눈물샘을 새삼스레 자극한다. 손을 들어 멀리 있는 사진 속 그의 얼굴을 만져 본다.

우울한 낯빛으로 준비해 간 분홍 장미 꽃다발과 편지를 놓았다. 다른 추모객이 내 편지를 사진에 담는 모습을 보니 기분이 이상하다. 한참을 지나치는 사람, 사진 찍는 사람들을 조용히 지켜봤다. 여섯 시가 조금 넘은 시각. 차마 이곳에서 41분을 맞이하기가 두려워 만다린 오리엔탈 뒷문 쪽으로 발길을 돌렸다.

3층 케이크 숍으로 올라가 스콘과 장미 잼을 찾았지만 스콘은 다 팔리고 없다고 한다. 장미 잼은 어떤 맛일까? 잼만 사서 포장해 달라고 하고 차터 가든으로 발걸음을 옮겼다. 분수 앞 의자에 자리를 잡

4월 1일 인파와 화환

내가 쓴 편지를 사진으로 찍고 있는 추모객

고 앉아 그가 부른 'Tonight and forever' 와 'I honestly love you'를 듣는다.

여기, 당신 바로 옆에 있고 싶어요I wanna be here right by your side······.

회원제 식당인 중국회The China Club에 가려고 챙겨온 구두를 가방에서 꺼내 갈아 신고 중국은행 건물로 걸어간다. 전용 엘리베이터를 타고 13층에 내리자 <금지옥엽2> 영화 스틸컷에 나온 노란 소파가 있다. 지인을 기다리는 동안 장국영처럼 소파에 앉아 보았다.

저녁식사를 같이하기로 한 지인이 도착해 식당 안으로 들어가 자리를 잡았다. 20세기 초의 상해 어느 한 날에 와있는 듯하다. 중국회는 장국영이 사진집과 <금지옥엽2> 영화포스터를 찍은 곳이다. 항상 사진을 보면서 이곳이 어딜까 궁금했는데 우연히 여기가 홍콩에 있는 회원제 식당임을 알았다. 회원이 아니면 이용할 수 없는 곳이지만, 특급 호텔 컨시어지 서비스를 통하면 예약할 수 있다고 했다. 그래서 나는 페닌슐라에 묵는 김에 이곳에서 저녁 식사를 하려고 미리 예약해달라고 부탁했다(중국회는 토요일을 제외하면 16세 이하는 들어 올 수 없고, 운동화나 반바지 차림으로 입장할 수 없다).

식사를 시작할 때는 한산했는데 점점 사람이 많아진다. 재즈 가

식당 앞 노란 소파

계단에서 내려다 본 모습

수의 노래도 흐르기 시작한다. 식사를 마친 후 15층 테라스로 올라
갔다. 장국영 사진집 속 서재 방이 15층에 있다. 아쉽게도 오늘은 이
방에서 파티가 있어 들어 갈 수 없다고 한다. 테라스에 앉아 창문을
통해 서재방 안쪽을 봤다. 나선형 계단이 보인다. 장국영이 아닌, 파
티에 참석한 낯선 이들이 계단에 기대 이야기 중이다. 화보 속 그가
눈앞에 아른거린다.

오늘도 쇼비뇽 블랑 화이트 와인을 주문했다. 센트럴 밤거리를
내려다보며 와인 두 잔으로 4월 1일 여섯 시 41분을 지나 끝나지 않
을 것 같은 오늘을 도망치듯 꾸역꾸역 밀어낸다.

중국 은행 15층 테라스 바, 센트럴 밤 거리

디스커버리베이에서 만난 송중기 팬,
바다가 보이는 펍에서

    일요일 아침. 눈을 떠 일정을 정리해본다. 무슨 까닭인지 홍콩에 도착한 이후 자꾸 동연각원으로 마음이 쏠린다. 트램을 타고 해피밸리에 가야겠다. 아홉 시가 조금 지나 호텔을 나섰다.

  가까운 트램 정거장 쪽에 홍콩 빈의관이 있다. 이렇게 가까이에 장례식장이 있었다니…….2007년, 2013년에도 이 호텔에 묵었는데 지하철역에서 나와 곧장 호텔만 보고 가서 오른쪽으로 조금만 고개를 돌리면 보이는 이곳을 처다보지도 않았다. 그런데 어제는 호텔과 거의 동시에 홍콩 빈의관이라는 글자가 눈에 들어왔다. 이 장례식장 앞에 사스 때문에 마스크를 쓴 채로 운집해 있던 홍콩시민들의 모습이 선명하게 떠오른다. 오늘도 누군가의 장례가 있는 것 같다. 건물 앞에 화환이 있다. 트램 정거장 쪽 육교로 올라가 이곳을 한눈에 담았다. 영정 사진을 들고 상심에 빠져 있던 장국영의 쌍둥이 조카들의 얼굴이 보인다.

  '그 슬픈 날, 그 큰 아픔을 어떻게 감당했을지…….'

  해피밸리로 가는 트램에 올랐다. 일요일이라 그런지 아직 사람이 많지 않다. 한가한 트램은 느릿느릿 달린다. 코즈웨이베이를 지나 해피밸리에 도착했다. 어제 밤에도 잠을 깊게 못 잔 탓에 커피 한 잔이 절실하다. 동연각원으로 가는 길에 급한 대로 퓨전 마트에서 몰

해피밸리 트램 종점

티저스로 응급조치를 했다.

　조금 더 걷다 보니 퍼시픽 커피가 있어 라떼 한 잔을 마시고 다시 길을 나선다. 예만방이 보인다. 동연각원이 얼마 남지 않았다. 익숙해진 이 길이 생각보다 짧게 느껴진다(2013년에도 이곳에 왔지만, 결국 장국영 세 글자가 적힌 그의 위패를 내 눈으로 찾지 못하고 돌아갔다). 이번엔 꼭 그의 위패를 찾아야 한다. 송은당 한가운데 그의 위패가 있다!

　동연각원에 들어가 위패가 있는 위층으로 올라간다. 그런데 중간 글자가 은暳인 방이 여러 곳이다. 한자로 적어 올 걸 그랬다며 후회했다. 다른 방에서 위패를 애타게 찾다가 겨우 송은당에 들어섰다. 여기만 오면 시력을 잃은 듯 글자가 눈에 들어오지 않는다. 정신을 온통 눈에 집중한다. 드디어 弟 張國榮(제 장국영) 위패가 눈에 들어온다. 병신년 8월 초파일 생, 마지막 날은 계미년 2월 30일이다. 4월 1일이 음력으로 2월 30일이었구나! 눈을 감고 그를 위한 기도를 시작한다. 혹시라도 이 기도를 그가 들을 수 있지 않을까 하는 마음에 영어로 한다.

'천국에서 행복하길. 너무 늦어서 미안하다. 잊지 않으려고 노력하겠다. 영원히 기억할 것이다.'

내 이 간절한 기도가 그에게 닿았으리라 믿으며 발길을 돌렸다.

사원을 나와 언덕길을 내려왔다. 알라바는 문을 열려면 시간이 한참 남아서인지 입구에 커튼이 쳐져 있다. 다시 트램에 몸을 싣고 센트럴 페리 선착장 쪽으로 간다.

다음 목적지는 디스커버리베이다. 센트럴에서 페리를 타고 30분이면 갈 수 있는 거리에 있다. <유성어>에서 장국영이 버려진 아이를 발견한 요트 클럽이 이곳에 있다. 하지만 이 요트 클럽 역시 회원제라 들어갈 수 없다고 한다. 리펄스베이와는 다른 매력을 기대하며 페리를 타려고 센트럴 공중회랑을 지났다. 일요일이라 도시락을 싸 들고 나와 거리에서 시간을 보내는 가사도우미들이 공중회랑을 따라 줄지어 앉아 있다. 두꺼운 상자로 사방에 벽을 만들어 세우고 그 안에서 밥을 먹거나, 음악을 들으며 누워 있다. 흡사 한국 지하철역 노숙자 같다. 처음 이런 풍경을 보았을 때는 대체 이들이 누구인지, 왜 거리에 나와 있는지 알 수 없었다. 한국으로 돌아와 까닭을 찾아보니 주말에는 가족끼리 시간을 보내기를 원하는 홍콩 시민들 때문에 입주 가사도우미(주로 필리핀에서 온다)는 이렇게 거리로 나와 시간을 보낸다고 한다. 쇼핑과 미식의 천국 홍콩. 그 이면에는 주말이면 갈 곳 없는 입주 가사도우미가 있다. 이것이 고용인과 피고용인이 합의한 계약 조건이라 해도 나는 이 모

습을 볼 때마다 가슴 한구석에서 세상살이 헛헛함을 느낀다.

페리 터미널에 도착해 출발하기 직전인 디스커버리베이행 배를 탔다. 몇 시간만이라도 머릿속을 비워보자. 지난 밤 잠을 설쳐서인지 자리에 앉자 졸음이 밀려온다. 하지만 잠시 눈을 붙일 새도 없이 곧 도착이다. 유러피언으로 추정되는 관광객이 많다. 바닷가가 보이는 '헤밍웨이'라는 펍에서 점심을 먹을 생각이다. 1664 드래프트한 잔과 피쉬 앤 칩스fish and chips를 주문했다. 마치 영국 본머스 비치에 와 있는 듯한 착각마저 든다. 바다는 언제다 진리다. 30분 안에전형적인 도시very city와 전형적인 바닷가very beach를 오갈 수 있다는 점은 포기할 수 없는 홍콩의 매력이다. 무한정 이곳에 머물고 싶다.

식사를 마치고 헤밍웨이 뒷문 쪽 광장으로 가보니 벼룩시장이 섰

다. 살만한 물건이 있는지 둘러보다 맥도널드 매장을 발견한다. <유성어> 촬영 때문에 장국영이 디스커버리베이에 왔을 때 맥도널드에서 있었던 일화가 떠올랐다. 그를 알아 본 팬들이 갑자기 몰려들어 같이 있던 영화 관계자가 봉변을 당하자 그는 팬들을 향해 무섭게 소리쳤다고 한다. 이를 목격한 사람이 일본인 사진작가라 그가 정확히 뭐라고 말했는지는 알지 못한다고 하는데, 아마 "사람을 이렇게 다치게 하면 되겠냐"며 화를 내지 않았을까 싶다.

다시 바닷가 쪽으로 걸어간다. 모래 장난감을 챙겨 아이와 함께 온 가족이 많다. 하이난 섬에서 공수해온다는 모래는 손에 잡으면 스르르 흘러내릴 정도로 곱다. 생각해 보니 셀프 모드로 혼자서 사진을 찍는 것이 가능해진 다음부터 여행지에서 낯선 이에게 사진을 부탁하는 일도 많이 줄었다. 오랜만에 지나가던 사람에게 사진 한 장을 부탁했다. 그는 꽤 여러 장 찍은 뒤 내게 사진기를 돌려주며 어디서 왔는지 물어 본다. 한국에서 왔다고 하니 옆에 있던 딸의 얼굴에 웃음이 번진다. 딸의 얼굴을 보니 한국 배우 누군가의 팬이라는 직감이 온다. 한국 배우 중 좋아하는 사람이 있는지 물었더니 활짝 웃으며 송중기 팬이라고 대답한다. 나는 장국영을 찾아 이곳 홍콩에 오는데, 이 소녀는 송중기 나라에서 온 나를 보며 활짝 웃어 준다. 내가 명동 거리에서 광동어가 들릴 때면 말을 걸어보고 싶어지듯 이 소녀도 내가 송중기 나라에서 왔다는 사실만으로 반가운 것이다. 며칠이나 있는지 물어보길래 3박 4일 일정이라고 답하자 너무 짧단다. 이번이 여섯 번째 방문이라는 말은 보태지 않고 그냥 웃

헤밍웨이 야외 테이블

벼룩시장을 구경하는 사람들

고 말았다.

홍콩 섬으로 돌아가려고 페리 선착장에 다시 갔다. 지정된 몇몇 식당에서 식사를 하면 돌아가는 페리는 무료라고 해 매표소에서 영수증을 내밀며 물어보니 영수증을 제시한다고 바로 탑승이 가능한 것이 아니란다. 영수증을 무료 표로 바꿔 주는 곳이 따로 있어 그 곳에서 교환해와야 한다고 했다. 이번 배를 놓치면 한 시간을 기다려야 하는데, 출발 시간이 몇 분 남지 않았다. 그냥 표 교환을 포기하고 매표소 옆 편의점에서 옥토퍼스 카드를 충전해 배에 올랐다. 홍콩에서 한 시간은 5,500원 이상의 가치가 있다(홍콩 섬-디스커버리베이 편도 티켓은 38$ 정도다). 역시 돌아오는 길은 더 짧게 느껴진다.

이제 빅토리아 피크에 갈 생각이다. 피크 트램을 기다리는 시간이 아까워 버스를 타고 구불구불한 산길을 올랐다. 여러 번 오다 보니 이번에 간 곳은 다음에 생략하고 지난번에 못 간 곳은 이번에 가곤 했지만, 빅토리아 피크만은 한 번도 빼놓지 않고 간다. 쨍쨍한 햇살을 피할 길 없는 대낮에도, 스산한 바람이 춤추기 시작하는 해질 녘에도, 깜깜한 하늘이 도시가 내뿜는 불빛에 자리를 내준 한밤에도 이곳은 나에게 꿈이고 낭만이고 위안이었다. 빅토리아 피크에서 홍콩을 내려다볼 때면 나는 언제나 현실과 환상의 경계 그 어디쯤을 걷는다.

오늘은 해질 무렵의 홍콩 섬과 하늘을 보고 싶어 일몰 시간 전에 피크에 도착했다. 카페 데코는 내부 공사 중인지 영업을 하지 않아 피크 타워 3층에 있는 퍼시픽 커피 테라스 자리에 앉는다. 2007년

여행 때 발굴한 빅토리아 피크 명당자리다. 바람이 조금씩 차가워
지고 강해진다. 지금은 따뜻한 아메리카노 한 잔이 필요한 순간이
다. 커피잔에 손을 녹이며 내 눈 앞에 펼쳐진 이곳 풍경을 즐긴다. 쌀
쌀한 바람이 얼굴을 스치는 느낌이 좋다. 이 바람을 다시 맞으려고
또 이곳에 오겠지?

피크, 트램

에필로그

지난 4월 홍콩 여행 때 페닌슐라에서 챙겨 온 비누를 오늘에서야 꺼냈다. 손에서 퍼지는 비누 향이 후각을 자극하며 지난 봄으로 나를 데리고 간다. 비 오는 빅토리아 항구, 백합 꽃봉오리 끝에 놓인 그의 위패, 빅토리아 피크에서 마주한 노을과 차가운 바람. 기억의 조각은 언제나 그렇듯 이렇게 불쑥 나를 흔들어놓는다.

며칠 전, 남편과 아이를 데리고 오키나와로 여름휴가를 다녀왔다. 이번 휴가는 정말 저렴한 항공권이 풀려 즉흥적으로 비행기 표를 끊었고, 출발 하루 전에 부랴부랴 숙소와 렌터카를 예약했다. 물론 한 번쯤 여행을 가보고 싶은 곳이긴 했다. 한국에는 <성월동화 2>라는 제목으로 수입된 <오키나와 랑데부>라는 장국영 영화를 제목 그대로 오키나와에서 올 로케로 촬영했는데, 이 영화를 보고 기회가 있으면 한 번 가볼 만한 곳이라고 생각했었다. 2003년에 한 번 본 것이 전부라 영화 속 배경이 구체적으로 기억나진 않았다. 여행 준비를 하기에 시간이 촉박했던 탓에 나는 궁여지책으로 <오키나와 랑데부> DVD를 꺼내 보았다. 인터콘티넨탈 호텔 그룹이 제작 지원을 했는지 영화 속에서는 '아나 인터콘티넨탈 만자 비치 리조트'가 대놓고 등장했다. 숙소를 정하기 전에 영화를 봤다면 하루쯤 예약을 했을 텐데……. 아쉬운 마음이 들었다. '시간이 된다면 한 번 들러 볼 수 있겠지'라고 생각하곤 오키나와로 떠났다.

오키나와의 8월은 홍콩의 8월처럼 덥고 습했다. 단 1분이라도 밖에 있는 것이 고문 수준이었다. 더위를 유달리 못 참는 딸은 호텔 방에 머무는 게 가장 좋다고 했다. 둘째 날 일정은 잔파곶에서 시작해 섬 중북부 관광하기였다. 나하 시내에서 출발해 잔파곶까지 한 시간이 넘게 걸렸고, 딸아이 인내심은 이미 바닥이 났다. 주차장에서 내려 등대가 있는 쪽으로 가다 보니 푸드 트럭에서 요깃거리를 팔고 있었다. 딸이 햄버거가 먹고 싶다고 해 남편에게 계산을 하라고 했다. 그런데, 맙소사! 남편이 호텔에 지갑을 두고 나왔다. 내 수중에는 딱 480엔밖에 없었고, 있는 동전을 탈탈 털어 300엔짜리 햄버거와 150엔짜리 슬러시를 샀다. 아직 정오도 되지 않은 시간. 돈 한 푼 없이 하루를 버틸 수는 없는 노릇이다. 다시 한 시간 20분을 달려 호텔로 돌아가야 했다. 멀미가 심한 딸을 왕복 세 시간 동안 차 안에 둘 수 없어 남편 혼자 갔다 오기로 했다. 더우니 남편과 딸은 차에 먼저 가 있으라고 하고 혼자 등대 쪽까지 걸어갔다. 등대 가까이에

닿으니 거센 바람과 파도가 나를 맞았다. 항상 바람이 많이 부는 곳인 듯했다. 이곳에는 세 시간이나 기다릴 만한 마땅한 장소가 없어, 일단 만좌모 쪽으로 이동해 기다릴 만한 곳이 있는지 다시 살펴보기로 했다.

만좌모까지 가는 길이 멀게만 느껴졌다. 급기야 딸은 울기 시작했다. 만좌모 주차장에 차를 세우고 전망 포인트로 갔다. 남편이 아이를 업은 채로 걸었다. 탁 트인 바다와 기이한 바위 절벽의 조화, 장엄한 자연이 주는 아름다움이 눈앞에 펼쳐지고 있었지만, 세 시간 동안 남편을 기다려야 한다고 생각하니 걱정이 앞서 제대로 즐길 수가 없었다. 여기도 실내 공간이 마땅치 않았다. 어쩔 수 없이 더위를 피해 만좌모 절벽에서도 보이는 영화 속 '아나 인터콘티넨탈 만자 비치 리조트'로 출발했다. 이곳 로비에서 남편이 지갑을 가지고 돌아오기를 기다리기로 했다. 남편은 빨리 돌아오겠다며 차를 돌렸다.

리조트는 배 모양 구조로, 1층 로비에서 올려다보면 모든 객실문이 한 눈에 보인다. 이렇게 된 김에 엘리베이터를 타고 5층 529호 앞으로 가보기로 했다(<오키나와 랑데부>에서 지미[장국영]가 묵은 방이 529호이다). 영화 속 모습과 객실번호판 모양이 달라졌지만, 그래도 그 방 앞에 섰다. 영화가 2000년 작품이니 그간 새 단장을 했겠지. 벌써 17년 전 일이다. 지미가 문을 열고 나올 것 같았다.

남편이 지갑을 두고 오지 않았다면 이 리조트 안까지 들어올 일이 없었을 테고, 내가 529호 객실 앞에 서볼 기회도 없었을 것이다.

불행 중 다행이라 해야 할지, 그의 흔적을 찾아 헤매는 것이 내 운명이라 해야 할지……. 이렇게 또 한 번 오키나와에서 장국영과 조우했다.

시간이 지나도 그를 잊을 수 없는, 아니 시간이 지날수록 점점 더 그가 선명해지고 그리워지는 이유는 그를 대신할 수 있는 새로운 우상을 마음속에 품는 것이 불가능에 가깝기 때문일지 모른다. 나는 그를 한 번도 실제로 본 적이 없다. 그리고 영어 또는 북경어로 한 몇몇 인터뷰 자료를 제외하면 그가 하는 말을 이해할 수도 없다. 그렇지만 그의 처연한 눈빛과 아이 같은 미소는 이 모든 것을 초월해 마음 깊은 곳에서 나를 때때로 들쑤셔놓는다. 어쩌면 나는 그를 동경하는 일 자체를 포기할 수 없는 것이 아니라, 열네 살부터 간직해온, 그를 향한 맹목적이고 순수한 내 시간을 포기할 수 없는 것일지 모른다. 그 실체가 무엇이든 그를 떠올릴 때마다 슬픔과 동시에 행복한 이 순간순간을 온전히 즐기려고 한다.

그는 과거의 시간 속에 박제된 존재가 아니다. 나는 그와 함께 내 인생을 지나왔고, 앞으로도 그와 함께 내 미래의 시간들을 맞이할 것이다.